SEPTIÈME LETTRE

A M. LE RÉDACTEUR DU JOURNAL DES DÉBATS

SUR LA SUITE

DES AFFAIRES PUBLIQUES,

Par N. A. DE SALVANDY.

PARIS,

A. SAUTELET et C°, LIBRAIRES,

PLACE DE LA BOURSE.

29 août 1827.

TABLE DES MATIÈRES.

SEPTIÈME LETTRE

A

M. LE RÉDACTEUR DU JOURNAL DES DÉBATS.

MONSIEUR,

La huitième semaine du règne de la censure vient de finir, et cette lettre sera le dixième écrit que j'aurai publié sur la marche nouvelle des affaires publiques. On ne saurait faire, je crois, plus vive guerre, et qu'il me soit permis de le dire : Il y a quelque dévouement ; car c'est une guerre triste et sans gloire. Suivre pas à pas le ministère et sa censure pour relever ses morts et compter les coups qu'il porte chaque jour dans l'ombre aux royales promesses de la restauration, c'est une douloureuse, une humble tâche. La France vaudrait de plus hauts sacrifices, et de plus dignes combats. Hélas! elle vaudrait de plus dignes arbitres de ses destinées, de plus dignes gardiens, ou de plus dignes destructeurs de ses lois.

Il y a des momens où l'ame découragée est prête à fléchir. Un dégoût profond peut faire ce que ferait la peur. On est sans force contre ce qu'on ne saurait respecter. Où trouver le courage de combattre des adversaires qui échappent à tous les mâles sentimens, qu'on ne peut ni honorer, ni craindre, ni haïr?

Le spectacle du monde politique inspire une tristesse amère. De tous côtés, des présages funestes, et des cris d'alarme. Les écrivains de tous les partis, ceux du pouvoir, comme ceux de l'opposition, sont d'accord pour dire que le jour qui s'achève fut prospère, que celui qui va se lever sera chargé d'orages, si un Dieu protecteur n'étend son bras sur nous. Et pourquoi ces périls? D'où viennent-ils? A quoi bon les courir? Pour garder au pouvoir les ministres que nous avons, ou même pour les abattre! Certes, toute leur vie ne vaut pas un jour du repos et des prospérités de la France.

Cette semaine, qu'avons-nous vu? L'Espagne enfoncée dans ses saturnales de restauration et de royauté, déplorable mélange de fidélité insurgente, d'absolutisme esclave, de populace souveraine! Le Portugal, destiné par les hommes d'état, qui, pour le malheur de trois royaumes, exercent leur influence des deux côtés des Pyrénées, aux mêmes scènes et aux mêmes joies; deux frères conviés des bouts du monde à venir, comme dans un champ clos, se livrer la guerre au sein de l'héritage paternel, et corrompre autant que désoler par ces luttes immorales les peuples que le vainqueur régira; les administrateurs d'un empire, que ses rois ont doté de libres institutions, soufflant le feu de ces discordes et de ces rébellions impies, en haine des institutions libres; les serviteurs de la couronne de France, fomentant l'usurpation d'un frère par passion malheureuse pour la servitude, par concupiscence de réaction et de tyrannie! Les mêmes hommes, qui lancent témérairement leur pays dans ces aventures sacrilèges, inca-

pables d'obtenir à leur pavillon les respects de l'é-
tranger, et ne sachant que provoquer un brigand
dans son repaire, afin d'avoir occasion de raconter leur
impuissance aux sables de la Méditerranée! Au milieu
de nous, les partis et le pouvoir se livrant combat
dans les cimetières, la gendarmerie rangée en bataille au milieu des tombeaux, l'opiniâtreté des haines
proclamée à travers la pompe des funérailles; et,
pour nous distraire de ces spectacles, un ministère qui
met son espoir et sa vie dans la méprise que fera,
s'il plaît au ciel, tout un peuple, en ne voyant que
le mot de jury écrit sur des listes en traits énormes;
tandis que celui de collèges électoraux se perd, avec
ses grèles caractères, dans une affiche immense! La
lâcheté de quelques milliers de citoyens, fermiers,
maîtres de poste ou notaires, prise comme ancre de
salut des dépositaires du pouvoir, et demandée à Dieu
tous les matins dans leurs prières! Ce pouvoir, qui devrait marcher environné d'honneur, plein de force,
grand et glorieux; s'avouant réduit à n'espérer d'autre
concours que l'inaction, comme il n'ambitionne plus
d'autre louange que le silence.....! voilà tout ce qui
frappe nos regards, tout ce qui touche et anime nos
cœurs !

—Qu'advient-il de cette situation déplorable? La
France est un grand corps que l'on croirait sans vie;
si, de temps à autre, des étudians et des soldats, qui se
disputent un cercueil, des électeurs et des préfets,
entre lesquels retentissent les accusations de dols et
de faux, quelques cent mille citoyens qui illuminent
pour une liberté, donnée la veille par le monarque,
abolie le lendemain par ses conseillers, n'avertissaient

qu'il y a une ame chez cette nation languissante, qu'il ne faut qu'une étincelle pour y allumer un incendie.

Jamais encore administration ne s'était rencontrée qui vécût dans de tels rapports avec un peuple; lui inspirât de tels sentimens, fût à ce point destituée d'empire, à ce point solitaire, à ce point stérile et morte dans la puissance. Aussi, tout est mort et languissant comme elle. Le génie national la trouve sur sa route, telle qu'un obstacle fatal et importun, qui devrait avoir mille fois disparu, qu'un charme inexplicable fixe entre le trône et la France, pour les séparer par une épaisse barrière, devant lequel le pays s'arrête, fatigué d'attendre sa chute, et inquiet de tout précipiter par un grand effort. Cependant, le temps s'écoule, les esprits se replient sur eux-mêmes; les jeunes générations grandissent sans tutelle; la chaîne des affections est rompue comme celle de l'autorité. Il n'y a bientôt plus rien de commun entre les deux régions. Semblables à ces races que le sort a fixées sur des rivages contraires et qui vieillissent sans se connaître, les mœurs, les penchans, la langue même diffèrent. On a d'autres besoins, d'autres vœux; et, comme il doit arriver un jour que de part ou d'autre ces besoins soient impérieux, ces vœux éclatans, tout le monde prévoit pour un prochain avenir d'effroyables calamités.

Ce n'est point là, monsieur, l'utopie que nous avons long-temps caressée. La France animée aux noms de gloire et de liberté; ces noms parant tous les nobles efforts de l'industrie, toutes les nobles découvertes de la science, tous les nobles combats de la tri-

bune ; les palmes du génie mises à la place des palmes
de la guerre ; les talens enfantés par la protection des
lois, et pris par l'autorité pour ses premiers remparts ;
la probité, la franchise, la droiture données pour in-
terprètes à la vertu et à la piété couronnées ; la jeunesse
accoutumée à une confiance filiale dans la bienveillance du pouvoir, ralliée ainsi à ses doctrines, guidée
avec un facile empire vers de paisibles et grandes destinées, formée à révérer le trône comme le dispensa-
teur persévérant et sincère des libertés publiques ; la
cause de la civilisation comprise et embrassée ; la ri-
chesse publique développée ainsi sans limite ; les arts
donnés pour sauvegardes, comme pour parures, à la
paix du dedans ; cette paix précieuse assurée par la
concorde croissante de la couronne et des partis ; la
paix extérieure affermie par tous les développemens
de la force et de la prospérité nationales ; ces
biens, nous les avons rêvés ; ces biens, la fortune
nous les présenta ; ces biens, le ministère les met à
néant.

Il est cruel pourtant de songer que dans quelques
mains que réside le sort de trente-deux millions d'hommes, ces mains, par violence ou faiblesse, puissent jouer
et peut-être perdre sans retour toutes les prospérités
d'un grand empire, en mettant sur une carte la pa-
tience des peuples et leur repos.

Jamais ère ne fut plus féconde en bienfaits que celle
qui s'écoule ; jamais ère ne fit plus d'ingrats.

Ainsi, nous jouissons encore d'une paix profonde,
et personne ne sait gré de ce premier des biens
politiques au régime qui l'a créé, parce que tout le
monde sent la France précipitée dans des voies où

l'attendent, comme en embuscade, les violences, l'oppression, la révolte, la guerre, la destruction.

Nous reposons à l'ombre d'une foule de libertés tutélaires, et personne ne songe à bénir le régime qui les a données, parce que le ministère va proclamant le repentir du bienfait comme on proclamerait le repentir des fautes ; parce qu'en détruisant la sécurité, il fait pis que contester la possession ; parce qu'en abattant l'une de nos franchises, il déclare en état de siège toutes les autres ; parce qu'ennemi des chartes dans tout l'univers, on ne peut le croire ami de la Charte de France ; parce qu'impatient de donner au Portugal des guerres thébaines et des guerres civiles, pour y renverser les tribunes, il fait voir ainsi nos tribunes entourées de pièges, d'assauts, de parjures !

Situation triste et bizarre que celle d'un gouvernement auquel ne profitent aucun de ses dons, que celle d'un peuple à qui personne n'a droit d'imputer à crime son ingratitude !

C'est que le ministère est, à lui tout seul, une aggression à toutes les garanties que la restauration nous donna ; car elle nous annonça le concours du pays dans la gestion de ses affaires, et le pays a battu en vain de ses malédictions les hommes du pouvoir. Elle nous annonça un trône inviolable, un ministère responsable toujours et partout : le ministère reste impuni. sacré, florissant par ses fautes ; et, quand il est sommé de répondre d'un acte déplorable, il crie que ce n'est point lui qui *le provoqua*.

Le ministère est, à lui tout seul, un danger permanent pour nos institutions ; car il n'en est pas une avec laquelle il puisse vivre, pas une qui ne doive lui être immolée ; c'est un combat à mort dans lequel il faut qu'elles ou lui succombent.

Un ministère, incomparablement inhabile, ne peut supporter le régime de l'examen ; un ministère, incomparablement déconsidéré et inconsistant, ne peut supporter le régime de la publicité ; un ministère, incomparablement impopulaire, ne peut supporter un régime d'élections libres.

On a dit, avec une très-spirituelle sagacité, que pour conserver M. de Villèle il fallait tout changer.

En effet, nous avons déjà changé maintes fois nos lois d'élection, changé nos lois de la presse, changé le renouvellement quinquennal, changé l'amortissement, blasphémé contre l'imprimerie, adopté la proposition Laboëssière, aboli la garde nationale de Paris, aboli la liberté de la presse ; tout y a passé, les bienfaits du roi comme les garanties, les besoins, les remparts des Français.

Hé bien ! rien de cela ne suffit encore. Il faut que l'holocauste continue. Tant qu'il restera une liberté aux Français, cette liberté devra être abattue, pour mettre une pierre de plus au piedestal du grand homme. C'est que tant que les lèvres de la France ne seront pas closes sans retour, tant que ses bras ne seront pas enchaînés, elle aura des sévices pour le ministère qui a affligé le royaume des Francs de ce spectacle, inouï jusqu'alors, d'un pouvoir accusé de *mensonge*, signalé comme *une flétrissure* pour le trône, faisant bruit de ces imputations, recourant à la justice pour sa vengeance, débouté par la justice de sa plainte, et conservant les rênes de l'Etat, fier et léger sous de telles atteintes, comme si nous n'étions plus le vieux royaume de France, nommé, au temps de nos pères, la terre classique de l'honneur.

Aussi, est-ce le royaume même qu'il faut bouleverser de fond en comble, et si le succès était assuré à de tels efforts, on apprendrait bientôt que ce n'est pas assez d'avoir changé toutes les institutions : il faudrait changer les esprits et les cœurs.

On savait que le ministère roulait dans sa conscience malade le dessein d'attenter à l'indépendance des deux chambres, en faussant la majorité de la chambre haute par une création inconstitutionnelle de pairs, et faussant les majorités futures de la chambre élective, par l'introduction d'un nouveau système électoral ; ces conjectures reçoivent une confirmation authentique. La *Gazette de Lyon*, journal officiel de la coterie qui nous régit, dans un article emmiellé, dont les formes sont remarquablement étrangères à ses habitudes, déclare que tout est pour le mieux chez ce meilleur des peuples, que nos espérances sont infinies, notre situation admirable : seulement on doit regarder comme viciées les deux institutions fondamentales sur lesquelles l'édifice de la restauration repose, et toutes deux seront en harmonie avec nos autres félicités, quand on aura établi au Luxembourg le corps entier des évêques, et promulgué enfin une loi d'élection qui donne des gages à la religion, à l'ordre, à la monarchie !

Ainsi, la chambre des pairs, dont tous les membres durent leur haute dignité à l'institution royale, dont la moitié l'ont reçue sous le régime de 1815, et sous le ministère que nous avons, cette chambre illustre réprouve le système dans lequel la restauration est lancée; on ne renoncera point à ce système. Dieu nous en préserve! Ce système est trop beau, trop sage, trop assuré, trop glorieux. On brisera la chambre des pairs.

Et, les soixante mille électeurs, que les dégrèvemens ou les fraudes ont laissés à la France, manquent de l'estime due à l'habileté, à la vertu, au bonheur du ministère; le ministère ne se retirera point. Il est trop fier, trop dévoué au trône, trop utile à sa gloire, trop propre à rallier, autour de la bannière royale, les affections et les respects des peuples. On décidera la retraite des électeurs, la retraite de la France.

C'est chose favorable à la considération de la monarchie au dehors, que de proclamer qu'après treize ans d'empire, cette France qui lui a livré ses armées, ses trésors, ses libertés, se refuse aux expériences tentées sur elle, et qu'il faut que les deux chambres, qui représentent le pays tout entier, soient frappées comme l'a été la garde nationale de Paris.

C'est chose glorieuse au ministère, que d'établir qu'il suffit à son génie, d'un laps de quatre années, pour user l'instrument qui lui a donné la puissance, aliéner de soi les électeurs qui ont obtempéré à ses vœux, armer contre sa fortune tout ce qui l'a servie et prolongée! N'est-il pas bien utile de frapper des coups d'état, au profit et par les mains de tels hommes? Ce qu'ils ont fait ne répond-il pas merveilleusement de ce qu'ils sauront faire encore? N'est-il pas évident que si, avec une puissance tempérée par des chambres débonnaires, ils ont eu les succès que nous voyons, ils feront des miracles quand ils auront en main la toute-puissance? Comment ne pas voir que de tels colosses étouffent dans une Charte, que les destins de trente-deux millions d'hommes à dépenser sans contrôle ne sont pas trop pour exercer leur verve politique, et qu'on peut calculer, à coup sûr, presque par des chiffres, combien de mois du régime du bon plaisir leur suffiraient pour mettre le monde en feu.

D'ordinaire, quand un meuble ne va point à la place pour laquelle il était fait, on en choisit un autre. Nous, en pareil cas, c'est la maison, c'est le palais que nous abattons, pour l'accommoder au divan, à la table de jeu qui nous a charmé. Quand des institutions sont aux prises avec un homme, il semblerait que l'homme dût céder; chez nous, ce sont les lois. Quand un ministre et un peuple sont irréconciliables, nous demandons au ciel un moule nouveau pour y jeter la nation dissidente; M. de Villèle est pris pour l'étui de la France : qu'elle se fasse au plus vîte assez petite pour y tenir !

Toutes ces belles choses reposent, dans la pensée des amis du ministère, sur une demi-douzaine d'observations profondes et de hautes maximes d'état. La première, c'est que les trônes doivent être de marbre pour les prières des peuples; c'est à cette fin que Dieu a institué les rois. Ensuite, il est de fait que le renvoi de M. de Calonne perdit l'ancienne monarchie, quoiqu'on vous dise en même temps sans cesse que Voltaire, les parlemens, l'encyclopédie, Ganganelli, l'œil-de-bœuf, le parc-aux-cerfs, l'Amérique, le déficit, firent cette grande catastrophe. Mais M. de Calonne aurait dompté le déficit avec des pensions, les gens de lettres avec des lettres de cachet, les parlemens avec des caresses, l'esprit d'innovation avec des mensonges; et les pressentimens sinistres de Louis XV, qui croyait à la révolution sans savoir le renvoi de ce savant homme d'état, auraient été trompés. Donc, maintenir M. de Vil-lèle contre vent et marée, c'est assurer au trône une autre durée de quatorze cents ans et plus.

Ce ministre, sans avoir les graces du célèbre con-trôleur, est aventureux, imprévoyant, léger, décevant comme lui. N'est-il pas manifeste que le Dieu de saint Louis l'a suscité tout exprès pour donner à la monarchie l'occasion de réparer ses fautes? M. de Villèle maintenu, c'est M. de Calonne vengé.

Le cardinal de Retz a dit admirablement que c'est le propre des hommes médiocres de ne pas savoir dis-tinguer dans les circonstances semblables ce qu'elles ont de différent.

Louis XVI se perdit par ses concessions, dites-vous. Où les coups de force conduisirent-ils Charles Ier?

Nous vivons sous une loi de représailles : pour beaucoup d'hommes, il s'agit de punir sur la France d'aujourd'hui les témérités de la France d'autrefois. Les ressentimens remontent jusqu'à la prise de la Bastille; parce que la Bastille tomba, le ministère doit rester debout; parce que nos pères avaient pour prières des séditions, pour illuminations des incen-dies, nos espérances seront rudement démenties, nos pétitions cruellement châtiées ; parce que les Français, armés à la hâte de bâtons et de hallebardes, s'avisèrent de dicter des lois, les Français qui, armés de fusils et rangés en bataille, se renferment dans l'expression intempestive d'un humble vœu, doivent voir leur vœu méconnu et leurs armes brisées.

C'est là l'argument capital de la *Gazette de Lyon*. Vous avez pu beaucoup, donc vous pouvez davantage.

Vous pouvez. ajoute-t-elle, aller plus loin que les pouvoirs révolutionnaires; car, ce qu'ils n'auraient pu tenter, vous avez pu l'accomplir. Vous avez licencié la garde nationale de Paris.

En fait, l'argument n'est pas heureux; car le licenciement n'est pas chose nouvelle : la Convention en avait eu la gloire.

Cette gloire n'a empêché ni les justices de la fortune, ni celles de l'histoire, ni celles de l'exil.

En logique, il n'est pas démontré que l'arc, pour avoir été beaucoup tendu, puisse toujours être tendu encore. Autrefois, on craignait qu'à la longue il ne se brisât.

Toute cette politique s'appuie à ceci, qu'on a remarqué aux Français deux vertus, et qu'on tourne audacieusement ces vertus contre nous. Nous haïssons les révolutions; donc on doit tout tenter, tout accomplir sans que nous compromettions cette paix qui nous est chère par des résistances décisives. Nous avons un culte pour la légalité; donc, en nous emprisonnant dans l'ordre légal on est assuré de notre pieuse résignation; il suffit de faire sortir le pouvoir absolu de la déclaration de Saint-Ouen, et les réactions, des garanties tutélaires dont nos lois abondent : nous plierons toujours la tête. L'habileté consiste à faire de la Charte le piège où, avec notre bonne foi naïve, nous restions pris sans défense, et M. de Villèle est le premier homme du monde pour savoir déduire toutes les conséquences oppressives qu'une promesse de liberté renferme. Avec son génie et notre loyauté, on peut aller en avant sans crainte et sans relâche.

Ici se présente une objection. Est-il noble, est-il religieux de se faire arme contre les nations de leur probité ; de les prendre par leurs beaux endroits pour les perdre, comme les tyrans jusqu'ici les avaient toujours prises par leurs vices ; d'abuser, pour troubler leur repos, pour les flageller sans miséricorde, du prix qu'elles mettent à la conservation de l'ordre, et de l'amour qu'elles portent au règne des lois ?

Cependant, c'est au nom de la religion que le chef des conseils prétend éterniser son règne. Il est près de se donner pour investi du pouvoir, par mission d'en haut. Aussi assure-t-il que la monarchie n'a rien à craindre de ses fautes ; attendu qu'il n'a pour ennemis que des philosophes, des athées, des protestans et des jansénistes, toutes gens apparemment dont la chambre des pairs, les tribunaux, les collèges électoraux, l'académie française, la garde nationale, sont remplis. Et supposé qu'il y eût péril, ce péril devrait être affronté ; car, comme en fait de salut le salut temporel est le plus méprisable, mille fois mieux vaudrait sacrifier la monarchie que sacrifier le ministère. La conservation du portefeuille de M. de Villèle devient ainsi pour nous une affaire de conscience. Si la France venait à perdre son pieux empire, elle risquerait fort d'être damnée.

C'est avec cette foule de raisonnemens décisifs que le cabinet se défend contre la France. Si on y regarde de près, on verra que tout se réduit à ce principe que plus un ministère est destructeur, inhabile, accoutumé aux revers, déchu de la confiance publique ; plus il est sacré pour les peuples et pour le monarque ; car c'est alors qu'il rencontre le plus d'opposition, et soulève le plus de doléances. C'est alors aussi qué la dignité des couronnes est plus intéressée à le protéger contre la haine publique. A ce compte, il n'y de fragiles que les bons ministères. M. de Villèle a voulu être éternel.

Tous ces sophismes de l'entêtement ministériel, toutes ces méprises sur les devoirs des puissances ont des conséquences funestes. J'ai dit comme les bienfaits de la Restauration en sont rendus stériles ; le principe de la monarchie n'en est pas moins profondément ébranlé.

Les rois n'ont pas seulement des ministres pour tenir les rênes de l'Etat, mais pour répondre des fautes du pouvoir ; car la responsabilité est toujours quelque part. L'avantage des monarchies constitutionnelles est que cette responsabilité nécessaire ne puisse jamais porter plus haut que les conseillers de la couronne. Le malheur et le danger des monarchies absolues est qué, le ministère étant inaccessible au contrôle de l'opinion à l'égal du trône, le prince et le cabinet se confondent. Les mêmes représailles, les mêmes vindictes peuvent les atteindre.

Gardons-nous de substituer en ce point le principe des états despotiques à celui de nos formes représentatives. Si le ministère pouvait tenir bon contre l'animadversion la plus manifeste et la plus méritée qui fut jamais, alors l'opinion s'établirait à la longue qu'une révolution seule peut l'atteindre. Graces à cette découverte, il vivra quelques jours de plus ; mais tôt ou tard il tombera enfin, et on sait quels intérêts chers et sacrés il risquera d'entraîner dans sa chute.

Telles sont, monsieur, les complications de la si-

tuation extraordinaire où nous sommes. De là, cette
pénible attente, ces tristes combats, ce découragement
profond, cette lassitude d'une paix grosse d'orages,
ces fautes que chaque jour multiplie, cette scission
sans cesse plus marquée entre tout ce qui devait rester
uni ; de là enfin les difficultés d'un avenir que nulle
main humaine peut-être ne pourra dominer. On se
joue de notre soumission facile ; on ne croit pas pouvoir façonner un joug si lourd, que nos têtes obéis-
santes le refusent : et le jour viendra où la sincérité, la
franchise même, descendues sur la terre, n'obtien-
dront pas croyance, où, comme on a voulu les excès
du pouvoir, d'autres insensés, qui croissent inaperçus
et implacables, voudront les excès de la liberté.

Ce sont là de douloureux présages, pour qui porte
en avant ses regards. Pour qui les fixe sur les affaires
du jour, il n'y a de tous côtés que des révélations humiliantes et de tristes spectacles.

ESPAGNE.

Ce n'est pas de l'autre côté des monts que nous
chercherions des scènes rassurantes. La désolation
règne toujours sur les Espagnes, et c'est là pourtant
la société-modèle, le gouvernement classique que
nous aspirons à imiter.

La Catalogne reste en feu. Un gouvernement, rival
de celui de Saint-Ildefonse, domine cette malheureuse
province. Les noms de deux frères brillent sur les
enseignes opposées ; mais il n'y a du moins que leurs
noms dans les camps contraires. Est-ce pour avoir sa-

tisfaction plus complète, que le *Moniteur* appelle de ses cris l'infant don Miguel, sur les mêmes plages, où l'empereur don Pedro va descendre?

La chute de M. Recacho donne la mesure de l'influence que nous exerçons sur les conseils du monarque espagnol. Ce cabinet s'entête dans *ses mépris*.

Le roi Ferdinand use de ce privilège des têtes couronnées, de ne pas se rendre à l'évidence; il s'obstine à méconnaître les biens que l'empire de M. de Villèle verserait sur son royaume dévasté. Ce prince a tort sans doute; mais il est dans son droit.

La chute de M. Recacho ne sera point un évènement grave. On aurait tort de croire que c'est un système qui tombe; ce n'est qu'un homme. Ces querelles de la Camarilla ne méritent ni la dénomination de partis, ni l'intérêt du monde.

L'Espagne continuera de se traîner dans ses voies sanglantes, dans son anarchie, dans son indigence, dans sa barbarie, dans son imbécillité, quelque temps encore; puis un choc arrivera, qui brisera tout cet échafaudage d'impuissance méchante et subversive. M. le comte de Corbière n'aura que la peine de faire inscrire sur l'arc de triomphe de l'Etoile, s'il est fini alors : la constitution de Cadix fut abolie tel jour, et relevée tel autre.

Peut-être aura-t-il à inscrire, que le sang de Louis XIV cessa tel jour de régner sur la monarchie de Philippe II. Ce sera le dernier profit et la dernière gloire de notre intervention.

S'il y a censure en ce temps-là, on se donnera la joie d'annoncer ces catastrophes trois jours plus tard; de telles espiégleries vengent admirablement un ministère des coups de la fortune. On a fait ainsi pour la nouvelle suivante :

— Le bruit a couru aujourd'hui à la Bourse qu'il y avait eu à Madrid une émeute populaire, dirigée par les apostoliques ; que le ministère espagnol avait été renversé aux cris de *vive don Carlos !* On assurait que M. Recacho et plusieurs autres ministres avaient été obligés de prendre la fuite pour se soustraire à la fureur de la populace.

(Rognure du Journal des Débats.)

— Le bruit a couru aujourd'hui à la Bourse qu'il avait éclaté à Madrid des scènes tumultueuses, au moment où l'on y a appris la mort de M. Canning et la destitution de M. Recacho. On disait de plus qu'au départ du courrier des dépêches avaient été expédiées pour faire diriger de nouvelles troupes vers les frontières du Portugal.

Ces nouvelles ont même exercé quelqu'influence sur les fonds publics ; il est vrai, d'un autre côté, que les fonds anglais du 20 sont arrivés en baisse.   (Rognure du *Constitutionnel.*)

On continue à interdire aux journaux de Paris les relations que les journaux du Midi peuvent répandre. On se donne le plaisir de nous dérober la moitié des faits. Surtout on se garde de nous dire que le cri de *mort aux Français* est, en Catalogne, le cri de guerre de ces démagogues de la royauté, auxquels nous sommes allés rendre des armes et donner la victoire.

— On nous écrit de Perpignan, en date du 13 août :

« Les royalistes répondent à l'appel qui leur a été fait par Bozoms, dit *Jep dels Estanys.* Déjà trois mille hommes sont réunis sous ses ordres ; huit cents ont pris position sur la rive gauche de la Sègre, et observent la Seu-d'Urgel. Locargol, ancien chef des bandes de la Foi, a été détaché à Gracia, à un quart de lieue de Barcelone, avec un petit corps, afin de faire parvenir à l'*audiencia Real* (conseil souverain de judicature, présidé par le capitaine-général de la province), l'ordre de

quitter Barcelone, et d'aller rejoindre le nouveau capitaine-général, le duc de Berga. A défaut, par les membres composant
cette cour, d'obtempérer à l'ordre qui leur a été intimé, il sera
procédé à leur remplacement par son altesse sérénissime.

» L'armée s'organise, et on dit même qu'il va être établi une
régence modelée sur l'ancienne régence Mata-Florida, qui a si
puissamment contribué à rendre à Ferdinand le pouvoir absolu.
On espère que celle-ci, plus puissante encore, fera passer toute
la police du royaume entre les mains des moines par le rétablissement de l'inquisition.

» Estanys ne donne pas seulement des ordres aux différentes
municipalités et districts qui sont occupés, par ses troupes; on
assure qu'il a intimé au gouverneur de Girone de faire mettre
en jugement don Narcisse Ahrès, dit *Pivola*, connu sous le nom
du boucher de Lasca de la Selve, attendu qu'il déshonore la
bonne cause par ses vols et ses rapines.

» Pour augmenter les forces du roi dans la province, on a fait
debarquer à Barcelone quatre compagnies qui étaient à Ma-
jorque. »   (Rognure du *Constitutionnel.*)

(*Correspondance de Madrid.*) On assure que toutes les au-
torités ont reçu communication d'un ordre très-énergique, dans
lequel il est indiqué qu'un complot se trame en Angleterre pour
renverser le gouvernement légitime de S. M. En conséquence,
il leur est ordonné d'agir avec rigueur envers les *negros* et les
personnes dévouées à la constitution. M Recacho s'était rendu
à la résidence royale, afin d'empêcher que cette circulaire fût
expédiée aux intendans de police, mais on prétend que sa dé-
marche a été infructueuse.

(Rognure du *Courrier français.*)

— On prétend que dans la garnison de Figuières le nombre
des malades est assez considérable, et qu'elle recevra bientôt
un renfort.

(Rognure du *Constitutionnel.*)

— Des troubles ont eu lieu à Puycerda; le peuple accuse
hautement les moines d'être les instigateurs de la révolte. (*id.*)

— Ceux de ces mêmes volontaires qui viennent de tous les
points de la Catalogne pour se réunir aux insurgés, sont si

(19)

nombreux, que toutes les lettres de cette province assurent
que, quelle que soit la célérité que le gouvernement mettra à
envoyer des troupes, il lui sera impossible d'en expédier un
assez grand nombre pour les opposer aux forces des carlistes.

(Rognure du *Journal des Débats.*)

— Leur cri est *dehors les Français !* Ils ajoutent aussi :
Mort aux mauvais gouvernemens !

(Rognure du *Constitutionnel.*)

— Une émeute vient d'avoir lieu dans la garnison de Valence.
La cause ostensible est le paiement fait aux différens régimens
de la garnison de leur solde en monnoie de cuivre ; mais la
véritable raison de cette émeute est le mécontentement général
qui règne parmi les soldats, mécontentement qui saisit le
moindre prétexte pour éclater.

Le mauvais état de nos finances devient chaque jour plus
effrayant. (Rognure du *Journal des Débats.*)

PORTUGAL.

Le Portugal est moins agité de ses affaires que ne
l'est le ministère de France. M. de Villèle, qui n'a
pas coutume de prendre couleur sur les évènemens,
a eu la malencontre de se prononcer en faveur de don
Miguel, et voici qu'un bruit court sur l'Atlantique,
qu'on verra en peu de jours apparaître sous Lisbonne
l'empereur don Pedro !

Les journaux du ministère anglais combattaient,
en ces termes, la politique de notre ministère :

— On lit dans le *Courrier* :

« Nous supposons qu'il y a peu de personnes qui ne soient
convaincues qu'un souverain a le droit de donner à son peuple
une charte, qui garantit ses libertés, ou qu'un peuple qui a
reçu de son souverain un pareil don a un droit égal à le défendre et en conserver la possession. Telle est de fait la question relative au Portugal, dégagée de toute la complication
dans laquelle un raisonneur diplomatique pourrait l'embarras-

ser. Cependant, de peur qu'il n'existe quelqu'un dont les notions soient encore confuses sur ce sujet, nous empruntons à un journal du matin (*le Times*), la comparaison suivante d'autant plus convenante qu'elle est familière :

« A. et B. sont deux individus qui, suivant l'expression des avocats écossais, ont soustrait le bien d'autrui. A. se repent de son injustice et dit à C. dont il a porté les culottes pendant plusieurs années : « Reprenez vos culottes quoiqu'elles soient peut-être un peu usées pour les avoir portées ; ou, si vous l'aimez mieux, en voici une paire de neuves que je vous donne, en souhaitant qu'elles vous fassent un long et bon usage. » — « Oh ! oh ! s'écrie B., voilà un joli exemple pour D., à la femme de qui j'ai dérobé un jupon, il y a quatre ans. Qu'allons-nous devenir, ma femme et moi, si cette restitution de bien volé a lieu dans notre voisinage ? Allons C., rendez les culottes ou je vous casse la tête, non pas que je vous en veuille, mais seulement parce que si A. restitue de bon gré ce qu'il a volé, je pourrai être forcé, bon gré mal gré, de faire de même. »

Ceci, continue *le Times*, est une imitation exacte quoiqu'un peu triviale du langage avoué dans les journaux ministériels français. Nous soutenons l'indépendance et la liberté du Portugal, parce qu'elles sont la propriété légitime de notre allié. Les journalistes de la maison de Bourbon attaquent cette indépendance et cette liberté, parce qu'on présume que par sympathie le peuple espagnol pourra désirer recouvrer sa liberté, que lui a ravie un gouvernement oppresseur, et que ce gouvernement pourra être forcé à secouer le joug de la cour étrangère dont il est le vassal à son tour. Cet odieux projet d'étouffer la liberté en Portugal et de détruire l'indépendance de la couronne d'Espagne, est un projet que, Dieu merci, l'on ne peut imputer à la nation française. Le peuple français n'y a aucune part, et il ne doit donner lieu à aucune mésintelligence entre cette nation et la nôtre.

« Tout homme, qui ne serait point convaincu par cette lumineuse et originale parabole des culottes et des jupons, mériterait d'être mis en jupon pour le reste de ses jours. »

(Rognure *du Courrier français.*)

Suivant toute apparence , l'époque du 25 octobre ,
fixée pour l'intronisation de l'infant don Miguel , par
respect pour la lettre de la constitution qu'il fallait
constitutionnellement étouffer, cette époque chan-
ceuse ne sera point attendue ; la couronne va être entre
les deux princes le prix de la course, comme disait M. de
Cazes, protestant, en cour royale, contre le 20 mars.
Mais, au 20 mars, les deux compétiteurs n'étaient point
des frères. Alors, les ministres du roi de France revendi-
quaient le privilège de la légitimité. Aujourd'hui, nous
avons changé de rôle ; l'usurpation nous charme, par
appétit des parjures qui la suivraient ; et l'usurpateur
est né du même sang que le prince qu'on veut dépossé-
der ! Et la même mère les a portés dans ses flancs ! Et
à tout prendre, l'assassinat du marquis de Lulé, les
complots de Bemposta , ne sont pas tant que la bataille
de Mojaïsk , ou celle d'Austerlitz , ou celle des Pyra-
mides !

L'arrivée de l'empereur viendrait désagréablement
contrecarrer ces combinaisons ; tout s'évanouirait,
hormis le déshonneur de les avoir enfantées, hormis le
ridicule d'avoir cru à leur succès. Dans cette extré-
mité, le ministère prend l'unique parti qui lui reste,
celui d'imprimer deux fois par jour que don Pedro ne
veut quitter son Brésil , et ne l'oserait. Ces démentis
dureront, grace à la censure, exactement huit jours
après que la flotte impériale aura jeté l'ancre dans les
eaux du Tage.

Un roi de Pologne, qui avait nom Michel, n'était pas
préparé à recevoir une invasion de l'Ottoman : les
hommes d'état de son conseil nièrent hautement qu'on
eût à craindre l'invasion de Sa Hautesse. La nouvelle

arriva d'un débordement effroyable d'Osmanlis : les hommes d'état déclarèrent la nouvelle séditieuse. Des flots de noblesse fugitive se présentèrent chargés de plaies, et implorant des secours : les hommes d'état leur assurèrent qu'il n'y avait pas un Turc en Pologne, que la meilleure intelligence régnait entre les deux couronnes. Enfin, trois cent mille hommes, deux cents pièces de canon, Coprogli et son maître, parurent à cinquante lieues de Varsovie. Alors les hommes d'état signèrent un traité ignominieux. Ils se trouvaient avoir raison : il n'y avait point eu de guerre.

Ceci nous conduit assez bien à l'affaire d'Alger.

ALGER.

Je ne reviendrai pas, monsieur, sur ce que je vous ai dit tant de fois de cette aventure déplorable. Il n'y a plus qu'à laisser parler les faits. Aussi la censure a-t-elle passion de les étouffer.

—..... Cette guerre contre la régence d'Alger porte un grand préjudice au commerce et à l'industrie. Ce sera un événement surprenant à lire dans l'histoire, que la France ait payé, en 1819, au dey d'Alger et à ses sujets une dette des plus équivoques, montant à 7 millions de francs, et qu'en 1827, époque de la liquidation de sa créance envers divers intéressés ou agens d'affaires, la France se soit vue dans la nécessité de soutenir une guerre pour des intérêts particuliers.

Si la France (comme elle était en droit de le faire), eût refusé de payer les 7 millions, que pouvait-il en résulter?... La guerre. Maintenant elle est en guerre après avoir payé les 7 millions, et se trouve entraînée dans des dépenses onéreuses, humiliantes pour l'orgueil national, et ruineuses pour son commerce, puisque, d'après des lettres de Gibraltar, on a reçu la nouvelle positive que deux bâtimens français, partis de ce port sous escorte, l'un allant à la Martinique, et l'autre à Gibraltar, ont été capturés et conduits à Oran.

(Rognure du *Journal des Débats.*)

— La frégate française qui bloquait le port d'Oran n'a pas paru depuis plusieurs jours : on disait à Oran que près de 100 mille Arabes accouraient de l'intérieur du pays pour la défense d'Alger. (Rognure du *Constitutionnel.*)

LISTES ÉLECTORALES.

Du dehors, revenons au dedans. Là, nous avons vu peu de dignité, peu de gloire. Ici, nous ne verrons pas plus de gloire, pas plus de dignité. Là, c'était la présomption, la légéreté, l'impuissance. Ici, ce seront les supercheries, les fraudes, les déloyautés; partout la honte! La seule chose qui soit constante, c'est la haine que le ministère porte aux institutions qu'il a jurées.

L'ambition de M. de Villèle est toujours de pouvoir jouer à la France le tour sanglant de l'appeler à consacrer, par les votes des collèges, sa pesante longévité! Il aimerait mieux avoir de suite un budget de sept années de vie à exploiter, que courir les hasards de la discussion d'un nouveau système électoral dans la chambre qui finit.

Le ministère, attentif à la formation des listes, compte donc jour par jour les noms omis; il triomphe quand les préfets écrivent que le nom de jury trompe et épouvante; il se lamente dès qu'il sait que les citoyens se conforment au vœu de la loi : et la censure n'a été instituée peut-être que pour favoriser l'apathie des citoyens, pour propager l'erreur sur laquelle l'existence de tout un système politique se fonde!

Les suppressions qui suivent indiquent assez l'espoir, les vœux, l'angoisse du ministère :

ÉLECTIONS.

Le résultat des premières listes publiées à Paris donne lieu de croire que la préfecture de la Seine n'a pas complètement rempli le devoir qui lui était imposé par la loi du 2 mai 1827.

On devait retrouver sur les listes tous les électeurs qui avaient figuré sur celles de 1824, moins ceux qui auraient perdu leurs droits politiques par suite de décès, faillite, condamnation, dégrèvement d'impôts, déclaration de changement de domicile politique.

Si la moitié seulement est inscrite sur ces listes, c'est que l'on a fait un choix, tandis que la loi nouvelle recommandait d'inscrire d'office tous ceux qui paient le cens, qui ont l'âge et les capacités requises.

Il importe de vérifier si la même diminution se rencontre dans les autres départemens. Il paraît déjà qu'à Rouen il n'en est point ainsi, et que M. le préfet de la Seine-Inférieure a rempli entièrement ses devoirs. Nous prions nos correspondans de nous faire connaître le résultat des premières publications dans tous les départemens.

La première liste rectificative doit être publiée le 25 août. Tous ceux qui ont réclamé avant le 20, doivent y être inscrits, ou recevoir un arrêté négatif qu'ils peuvent attaquer devant la cour royale s'il s'agit d'année, de possession, de délégation, de domicile réel, de paiement des contributions, des droits civils ou de naturalité ; devant le conseil d'état, s'il s'agit de domicile politique ou du talent et de l'imputation des diverses natures de contributions qui forment le cens électoral.

MM. les préfets du Loiret, de l'Aveyron et de la Gironde ont annoncé que l'inscription sur la première liste n'était pas définitive, et que les électeurs n'étaient pas dispensés de produire leurs pièces.

C'est une erreur que n'a point partagée M. le préfet de la Seine ; l'inscription sur la liste du 15 août n'est point *définitive,* sans doute, puisqu'on peut être rayé par les listes supplémentaires ; mais on ne peut l'être que d'après réclamation des titres, ou d'après des actes formels ; l'arrêté de radiation doit être, dans ce cas, notifié à l'électeur éliminé, qui, en appelant de l'arrêté d'élimination, en paralyse l'effet, le recours étant suspensif de la décision du préfet.

Le préfet de Seine-et-Marne, M. le comte de Goyon, ayant rayé plusieurs électeurs par sa dernière liste, sans notifier l'arrêté d'élimination, est poursuivi en ce moment par MM. Noel et Lucy pour attentat à l'exercice de leurs droits civiques.

Le conseil d'état prononcera demain sur la mise en jugement de ce fonctionnaire, qui sans doute ne trouvera pas en ce point du service d'imitateurs.

Indépendamment de cette plainte, M. Noel a appelé devant la cour royale de Paris, du refus d'inscription de M. le préfet de Seine-et-Marne. C'est la première fois que la cour royale est saisie d'une réclamation de ce genre. Elle y statuera samedi, 25 de ce mois.

MM. les électeurs ne doivent pas oublier que les voies légales et régulières leur sont ouvertes pour faire valoir leurs droits ; ainsi, ils ne pourront accuser qu'eux-mêmes s'ils sont privés de l'exercice de leurs droits politiques.

— L'ordonnance du 27 juin 1827 veut que celle du 4 septembre 1820 qui prescrit la publication des listes rectificatives tous les jours, soit exécutée. Ainsi, MM. les préfets ont dû faire la publication de la première liste rectificative aujourd'hui même. Si cette publication n'était pas affichée, MM. les électeurs ont droit de la réclamer, pour s'assurer qu'on a fait droit à leurs réclamations.

L'instruction électorale que nous avons annoncée se vend chez madame veuve Dècie, au dépôt des lois, place du Palais-de-Justice ; prix 2 fr.

(Rognure du *Courrier français*.)

—Nous avons publié dans le *Constitutionnel* d'avant-hier un avis de M. le préfet de la Seine, par lequel ce magistrat invite ceux de MM. les électeurs qui n'ont pas trouvé leurs noms inscrits sur la liste qui a été publiée le 15 août, à se mettre en règle sans retard, et à déposer les pièces justificatives de leurs droits au secrétariat de la préfecture de la Seine. Nous saisissons cette circonstance pour inviter à notre tour M. le préfet de la Seine à vouloir bien faire connaître au public quelle est la détermination qu'il a prise au sujet des inscriptions qu'il a faites d'office. Quant à nous, nous les avons toujours considérées comme définitives pour ceux de MM. les électeurs qui n'auraient éprouvé aucune chance atténuante de leurs droits; mais il y a tant de préfets qui ont prévenu leurs administrés que l'inscription par eux opérée n'était que *provisoire*, que leur concert a été cause qu'on a considéré leur opinion comme une suite d'une instruction ministérielle ; ce soupçon a fait naître des craintes dans le public ; il importe à l'administration de les dissiper par une déclaration franche, afin que chaque citoyen puisse savoir d'une manière certaine à quoi s'en tenir. (Rog. du *Const.*)

— On a vu avec plaisir qu'à Lyon les listes provisoires d'électeurs et de jurés ont été affichées principalement dans les lieux où sont des factionnaires, et qu'on a donné l'ordre à ces factionnaires d'empêcher qu'elles ne soient enlevées, en sorte qu'elles y subsistent encore, et que tout le monde peu aller les consulter.

L'éditeur du *Précurseur* avait exprimé dans sa feuille son étonnement sur ce qu'il ne lui avait pas été permis de se procurer, en payant, quelques exemplaires de ces listes chez l'imprimeur de la préfecture. Il rapporte sur ce fait une explication verbale qu'il a eue avec le secrétaire-général de la préfecture. Nous la lui empruntons, ainsi que les observations dont il la fait suivre :

« Il est faux, nous a-t-il dit, qu'un ordre ait été donné à l'imprimeur de ne vendre ni de ne distribuer aucun exemplaire de cette publication. L'administration, à cet égard, n'a rien à prescrire ni à empêcher. Mais qu'il livre le nombre d'exemplaires qu'on lui a demandé ; ensuite, libre à lui d'en tirer à ses frais autant qu'il le veut. »

« D'après cette explication, il doit nous être permis de nous étonner que M. Rusand ait négligé, pour cette affiche seulement, cette branche ordinaire de ses bénéfices. Assurément, un grand nombre d'électeurs auraient voulu avoir des listes en leur possession pour les consulter à leur aise, s'assurer des erreurs, des omissions qui s'y trouvent, et stimuler les électeurs en retard. Au surplus, si l'explication de M. Laverchère est sincère, comme nous n'en doutons pas, nos lecteurs sauront qu'ils sont libres de demander d'avance des exemplaires des prochaines listes à M. Rusand, imprimeur de la préfecture; et si M. Rusand refusait de tirer les exemplaires qu'on lui commanderait, moyennant le prix ordinaire, il faudrait bien croire que quelque chose l'empêcherait d'écouter la voix de son intérêt. »   (Rognure du *Courrier français.*)

— Plusieurs électeurs se sont présentés au secrétariat de la préfecture pour y déposer les pièces en règle qui constatent leurs titres à l'électorat. Est-il vrai que M. le chef de bureau, chargé de les enregistrer, ait refusé de leur en donner un reçu ? Si cela est vrai, comment M. le préfet pourrait-il justifier qu'il a prononcé sur le mérite de ces pièces dans le *délai de cinq jours*, dans le cas où elles ne lui paraîtraient pas régulières ? Cette obligation lui est cependant imposée par ordonnance du roi, du 5 septembre 1820.

— Le bureau du *Rapporteur*, rue Jean-Jacques Rousseau, n° 17, possède une copie exacte de la liste des électeurs du département de la Seine. MM. les électeurs pourront le consulter depuis neuf heures du matin jusqu'à six heures du soir.
                    (Rognure du *Constitutionnel.*)

— Les listes du jury ont été affichées dans tous les départemens, ainsi que le prescrit la loi du 2 mai 1827. On a remarqué que la liste électorale, qui forme la première partie de ces listes, n'était pas aussi nombreuse qu'aux dernières élections. Nous aimons à croire, pour l'honneur national, que les citoyens qui auront vu que l'autorité, en agissant d'office, les avait laissés dans l'oubli, mettront à profit le délai que la loi leur accorde pour réclamer contre cette omission, et contraindre légalement MM. leurs préfets à réparer l'erreur commise à leur égard. L'égalité des droits a toujours été dans le vœu des Français, c'est pour la conserver que notre nation a fait les plus grands sacrifices; elle a été consacrée par la Charte; il n'y aurait aujourd'hui, nous l'avons déjà dit, nous le répétons, que de vils égoïstes qui pourraient négliger d'exercer le premier des devoirs et le plus précieux des droits.   (*Ibid.*)

— M. le Préfet de la Seine a pensé qu'il serait absurde de soumettre un citoyen qu'il a inscrit sur la liste électorale il y a cinq ans, parce qu'il lui avait prouvé, par son extrait baptistaire (qui est peut-être encore dans ses bureaux), qu'il avait trente ans, de lui prouver ensuite que les ans vont toujours en avant et ne rétrogradent jamais.   (*Ibid.*)

— On lit ce qui suit dans le *Journal du Cher :*

« On ne peut pas tout dire sous l'empire de la censure, et notre feuille du 18 de ce mois en ferait foi si quelqu'un en doutait ; mais nous essaierons cependant, sous le bon plaisir de M. le censeur, de présenter ici quelques observations avec toute la mesure et la modération dont nous sommes capables.

« Si quelques électeurs du département étaient retenus par leurs affaires personnelles, par maladie ou autrement, ils peuvent envoyer leurs pièces à l'un de MM. les avocats du barreau de Bourges. Chacun d'eux s'empressera de déposer leurs titres et de requérir leur inscription sur les listes. Ils feront lever les difficultés qu'on pourrait opposer aux électeurs, et nous sommes certains qu'aucun d'eux ne réclamera d'honoraires.

» Il faut donc que les hommes indépendans, que les amis de la Charte et d'une liberté sage et légale se mettent en position de manifester l'opinion réelle de la France ; il faut que les vœux de l'immense majorité des Français parviennent respectueusement jusqu'au pied du trône par le moyen légitime d'élections loyales et nationales.

« Enfin, nous espérons que personne n'oubliera que, quoique la législature septennale soit encore loin de son terme, il est possible que les listes formées cette année servent même pour une élection générale ; dans tous les cas, chaque collège électoral doit se tenir éventuellement préparé à une élection particielle, nécessitée par le décès ou par la démission d'un membre de la chambre actuelle. On peut être assuré que l'administration ne sera pas prise au dépourvu ; elle ne négligera pas ses intérêts.

Il ne faut pas que ceux du pays soient compromis par la négligence des citoyens. *(Ibid.)*

— Nous voyons avec peine que dans les départemens de la Haute-Marne et des Vosges, les habitans, dont les sentimens sont si constitutionnels, n'aient pas montré jusqu'à présent le même zèle que leurs voisins. Nous ne doutons pas qu'ils ne suivent bientôt leur exemple. *(Ibid.)*

— Hâtons-nous donc, dit *l'Écho du Nord*, de nous faire inscrire; peut-être l'avenir est là. *(Ibid.)*

DÉBATS ET DÉCISIONS JUDICIAIRES.

J'ai dit que le régime légal fait en France bien des ingrats. Faut-il s'en étonner, Monsieur, quand l'administration professe une haute antipathie pour toutes les garanties dont il se compose ? De ces garanties, la plus précieuse, la plus sainte, est la publicité en matière judiciaire ; il n'en est pas à laquelle le ministère fasse, par ses manouvriers de la censure, une guerre plus obstinée. N'est-il pas douloureux, au point de civilisation où nous sommes parvenus, après quarante ans de travaux, et douze de liberté, d'être retombés dans un tel état de choses que les plaidoiries d'un avocat ne puissent être publiées ; quand le réquisitoire du ministère public remplit les feuilles officielles ; que les arrêts des cours soient condamnés à l'oubli ; que la jurisprudence reste tenue au secret ; que, par un égal outrage à la religion et à la justice, il y ait un ordre de coupables sur lesquels la police jette son manteau protecteur; qu'enfin, rendre hommage aux vertus et aux lumières des magistrats, soit chose criminelle devant le pouvoir, chose qu'il ait le droit de comprimer. L'article mémorable de la *Gazette de Lyon*, en demandant que les deux chambres soient assises sur de meilleures bases, déclarait ne voir d'excellent parmi nous et de supérieur à toute amélioration, que l'ordre judiciaire ; ceci atteste la sincérité de ce patelinage tardif et louangeur. Vaine et méprisable tentative ! il y a là luxe de mensonge ; on ne trompe pas les corps. La magistrature sait bien qu'il n'est point de tendresse possible entre la société dont l'esprit régit la France et les successeurs des parlemens.

— On assure que dans l'affaire de MM. Noël et Lucy, électeurs de Seine-et-Marne contre le préfet, M. de Broë, avocat-général, avait employé une grande partie de la nuit à préparer son travail ; mais tout à coup, et peu de temps avant l'ouverture de l'audience, le bruit d'un conflit s'est répandu.

(Rognure du *Journal des Débats.*)

— Si l'autorité administrative élève des conflits toutes les fois qu'un citoyen attaque un acte de l'administration, on ne manquera pas de croire, dans le public, que cette autorité veut être juge et partie. Or, ce bruit ne serait pas honorable pour elle. Et d'ailleurs, si l'affaire est réellement administrative, qu'on se repose sur la sagesse et la justice de la cour ; elle saura bien reconnaître et proclamer son incompétence.

(Rognure du *Constitutionnel.*)

— La distribution et la mise en vente des signes, gravures et emblèmes représentant Bonaparte, ne sont plus, d'après la jurisprudence actuellement en vigueur, considérées comme délit d'exposition d'objets séditieux ; c'est ce qui vient d'être encore décidé par le tribunal de police correctionnelle de Lyon, dans son audience du 21 août. (*Ibid.*)

— *Le Précurseur* publie les réflexions suivantes : « L'arrêt prononcé dans la cause du *Précurseur* restera comme monument de cette *tolérance politique* qui, non moins que la tolérance religieuse, doit désormais faire la base de nos mœurs sociales. Il en fixe l'ère parmi nous, et jusque dans les dispositions par lesquelles il improuve nos articles, on retrouve le même esprit. En effet, une cour de justice n'examine pas des théories dans le but de prendre un parti pour elles : tout ce qu'elle a à faire, c'est de décider si de l'impression de telles ou telles doctrines ressort un délit prévu et puni par la loi ; après cela, la vérité de ces doctrines lui est étrangère : nous ne sommes plus au temps où les parlemens décrétaient pour ou contre la philosophie d'Aristote.

« Au contraire, si l'on suppose que les magistrats qui composent la cour de laquelle est émané notre arrêt sont personnellement éloignés de notre manière de penser, leur décision n'en sera que davantage regardée comme un éclatant hommage à la liberté de penser et d'écrire.

« Les mêmes réflexions s'appliquent à la nature de notre opposition contre le ministère et contre ses actes. Que cette opposition soit plus ou moins vive, plus ou moins amère, plus ou moins hostile, elle était dans nos droits ; voilà ce que la cour a reconnu. Elle a sanctionné le principe que la discussion et la critique des actes de l'autorité sont une faculté légitime appartenant à tous les Français, et que l'exercice de cette faculté ne peut donner lieu à une poursuite judiciaire. Quant à l'opportunité de cette opposition, à sa modération, à sa convenance même, des juges peuvent avoir une opinion à cet égard, mais une opinion qui ne saurait devenir l'élément de leur décision.

« Loin de nous cependant la pensée de nous mettre au-dessus de la cour ! au contraire, plus la magistrature se montrera gardienne vigilante de nos libertés, plus ses simples opinions participeront de l'autorité de ses décisions. » (Rognure du *Courrier Français*.)

— Mᵉ Barthe, avocat du *Journal du Commerce*, a dit : Messieurs, dans un journal semi-officiel du 1ᵉʳ juillet 1825, chacun a pu lire ces mots : « Romains, taisez-vous, disait à la tribune aux harangues Scipion Nasica, je sais mieux que vous ce qui convient au bonheur et à la gloire du peuple romain. Les juges, les dociles plébéiens se turent pour écouter le grave et vertueux sénateur. » Elle...

« Vous comprenez ce langage, Messieurs ; Scipion Nasica, c'est notre administration ; les dociles plébéiens, ce sont les journaux, et le respect qui les force au silence, c'est l'ordonnance de censure qui porte la date du 27 juin 1827.

« Dans cet état de choses, il semblerait qu'on devrait user de quelque générosité envers ceux qu'on avait condamnés au silence : et lorsque la polémique était étouffée sous un coup d'État, il semble qu'on pouvait se dispenser de revenir en arrière et de ressaisir les derniers accens de la liberté de la presse pour les vouer à une condamnation judiciaire. C'est le 26 juin que la censure a été mise en activité ; c'était la veille qu'avait paru l'article inculpé. C'était au milieu d'une certaine irritation d'esprit facile à concevoir, que fut tracé l'article saisi plus tard, sous l'empire de la censure. »

Après avoir donné une nouvelle lecture de l'article inculpé, Me Barthe fait remarquer que l'accusation porte spécialement sur cette assertion, que la conduite de l'administration pourrait finir par affaiblir la pieuse et salutaire croyance dans l'inviolabilité du monarque. L'auteur n'a pas nié cette doctrine ; il l'a encore moins décriée, puisqu'il la qualifie de *pieuse* et de *salutaire.*

« Je pourrais, dit le défenseur après quelques développemens, je pourrais m'appuyer d'une autorité recommandable, j'invoquerais votre propre arrêt, l'arrêt que vous avez rendu dans l'affaire de M. Kératry. Sans contredit, je n'ai pas ici à comparer les phrases, mais si le ministère public contestait l'autorité de la chose jugée par vous-mêmes, je les prendrais à l'instant, je les placerais sous vos yeux, vous seriez convaincus que la même pensée a été exprimée avec moins de force par nous que par M. Kératry, dont vous avez reconnu l'innocence. Il a donc été permis, la veille de l'ordonnance de censure, de dire au roi : Retirez le pouvoir aux hommes qui se perpétuent dans l'impopularité, et qui pour l'avenir peuvent compromettre une croyance pieuse et salutaire. Ce sont nos expressions.

« Qu'il me soit permis de dire, en terminant, quelques mots sur la situation particulière du *Journal du Commerce.* La publicité des débats est un principe fondamental. Elle ne résulte pas d'une loi secondaire ; c'est un principe essentiel. La publicité des débats judiciaires est aussi sacrée que la publicité des

débats de la tribune. C'est sous ce point de vue que je termine,
en vous rappelant que nous avons vu avec douleur que la défense d'un accusé a été biffée par la censure. La police de l'audience est réservée aux magistrats ; elle ne peut être soumise
à aucune autre autorité. Nous espérons ne pas rester dans cette
fâcheuse position d'être obligés d'insérer dans notre journal
notre propre condamnation, et de ne pouvoir dire que nous
sommes innocens. »   (Rognure du *Journal des Débats*.)

— Le *Précis de la Révolution française*, par Rabaud-Saint-
Étienne, ayant été réimprimé il y a peu de temps, format in-32,
et dédié au général La Fayette, a été aussitôt saisi à la requête
de M. le procureur du roi. Un seul des chefs de prévention ex-
posés dans la plainte, celui d'offense à la personne du roi,
ayant été admis par la chambre du conseil, l'éditeur, M. Playfair, imprimeur-libraire à Coulommiers, et M. Servier, libraire
à Paris, ont été renvoyés devant la police correctionnelle,
sixième chambre, présidée par M. Dufour.

M. Levavasseur, avocat du roi, a donné lecture du passage
incriminé, qui ne consiste qu'en deux lignes, dirigées contre
les sentimens qui ont pu animer, à l'époque de l'émigration,
M. le comte d'Artois, aujourd'hui S. M. Charles X. Il a conclu,
après quelques développemens, à la condamnation de M. Playfair en huit mois de prison, pour offense contre la personne du
roi, et s'en est rapporté à la prudence du tribunal sur la quotité
de la peine à infliger à M. Servier.

M⁺ Barthe, avocat de M. Playfair, a fait l'éloge de Rabaut-
Saint-Étienne qui, après avoir embrassé avec chaleur les opinions révolutionnaires, en a été une des premières victimes.
La phrase inculpée est écrite dans le langage du temps, et ne
peut contenir aucun outrage contre la personne du monarque,
car les mots incriminés *haine contre la France* doivent évi-
demment se traduire par ceux de *haine contre la révolution*. Il
a d ailleurs fait observer que ce même écrit a déja été réimprimé
sans aucune poursuite plusieurs fois depuis la restauration, et
offert, au nom de l'éditeur, de remplacer le feuillet par un carton
dans lequel on laissera en blanc la phrase, objet de l'animadversion du ministère public.

M. Goubert a plaidé la cause de M. Servier.

Après les répliques respectives du ministère public et des avocats, la cause est remise à mardi pour prononcer le jugement. *(ibid.)*

— Le journal officiel disait, il y a quelques jours, que le gouvernement et le clergé français sont plus affligés, plus indignés que personne, de certains scandales, qui malheureusement ne sont pas plus inévitables dans telle classe de la société que dans telle autre. Il disait avec raison que les fautes sont personnelles, et remerciait la magistrature du soin qu'elle apporte dans une cause où la religion et la dignité du gouvernement sont également intéressées. Il ajoutait : « Il importe à tout » le monde qu'on sache bien que les lois ne distinguent personne ; » que les fautes sont d'autant plus graves qu'elles sont commises » par des hommes dont le caractère était plus respectable, et » que le clergé repousse avec autant d'horreur de ses rangs vé- » nérables un homme indigne de lui. »

D'après cette profession de foi officielle, on gémira comme nous de ce qu'un individu, indigne du caractère sacré dont il était revêtu, ait attiré sur lui les justes coups de la justice. Hier, le prêtre Molitor, sur la déclaration affirmative du jury, a été déclaré convaincu de vol, de faux et de viol, et condamné, par la cour d'assises de Versailles, aux travaux forcés à perpétuité, à l'exposition et à la flétrissure.

... Le nom, au reste, ne fait rien à la chose ; celui du condamné est porté par un Français qui est à la fois un des plus illustres guerriers et des plus vertueux citoyens de l'époque ; il n'est pas l'allié de son odieux homonyme, il n'a rien de commun avec lui. Le misérable que la main de la justice vient d'atteindre et de frapper est un prêtre indigne du caractère sacré dont il était revêtu ; ce serait méconnaître la religion que de la croire compromise par quelques crimes isolés dont la honte ne peut être personnelle qu'à leurs auteurs. La censure ne peut nous empêcher de parler de cet arrêt, sans désavouer les principes émis sur cette matière par *le Moniteur* du 15 de ce mois, et répétés par le journal ministériel du soir du 14.

(Rognures du *Constitutionnel.*)

—.... Présidence de M. de Laboulie , sur les conclusion du
ministère public...   (Rognure du *Courrier Français.*)

SUITE DE L'AFFAIRE DE L'OPÉRA-COMIQUE.

L'administration (je parle de celle de l'état), prête
à ses amis ses censeurs, comme la police nous prête
ses autres gendarmes à tant par jour, pour l'ordonnance de nos fêtes. La censure en masse continue
d'être tenue par le ministère à la disposition de M. de
Pixérécourt pour assurer son *opération* du licenciement de l'Opéra-Comique. On va voir comment cette
maréchaussée à coups de ciseaux travaille pour le
compte de M. le directeur,

> Sabrant du grave au doux , du plaisant au sévère

— Le Mémoire de M⁰ Dupin jeune pour MM. Huet, Ponchard , Féréol, Lafeuillade, Valère, Chollet, et Mmes Boulanger, Rigaut, Ponchard et Prévot, tous les dix sociétaires de
l'Opéra-Comique, a paru depuis quelques jours avec cette épi-
graphe :

> ... .. *Nunquam-ne reponam*
> *Vexatus toties ?...*
>   JUVENAL.

Ce Mémoire est suivi d'une consultation en leur faveur contre
le directeur de l'administration du théâtre, signée de MM. Petit-
Dauterive, Berryer, Parquin, Mérilhou et F. Nicod, avocat aux
conseils.

Nous avons lu avec attention ces deux pièces, et elles ont
encore ajouté, s'il était possible, à notre intime conviction que
les dix sociétaires qui ont signé le Mémoire n'ont été guidés,
dans cette déplorable affaire, que par le sentiment énergique et
profond de leurs droits méconnus, et que par le besoin impérieux d'échapper à tout le malaise d'une intolérable oppression :
ils déclarent au reste, qu'ils ne remonteront point

« ....Sur un théâtre qui leur est si cher à tant de titres; qu'ils iraient même jusqu'à s'expatrier, s'il le faut, dans le cas où il leur serait impossible de désabuser l'autorité séduite par ceux qui s'interposent entre elle et eux, et d'obtenir le redressement des griefs dont ils ont à se plaindre.

» Transformant en révolte des réclamations respectueuses, mais fermes et persévérantes, on n'a cessé, dit M. Dupin, de présenter les réclamans comme des factieux qui méconnaissent et l'autorité de M. le premier gentilhomme de la chambre et celle du roi lui-même ! Ils veulent, a-t-on répété sans cesse, reprendre l'administration du théâtre à laquelle ils ont renoncé, et fouler aux pieds l'ordonnance royale du 30 mars 1824 qu'ils ont sollicitée comme leur seul moyen de salut et acceptée comme un bienfait !...»

» Rien de tout cela n'est exact. Loin de violer l'ordonnance du 30 mars 1824, ils invoquent les dispositions de cette ordonnance qui, maintenant leur acte de société, leur garantit les droits attachés à la qualité de sociétaire. Loin de rechercher à ressaisir les rênes de l'administration qu'ils ont laissées sortir de leurs mains, ils déclarent se soumettre à celle qu'on leur donnera, quelle qu'elle soit, pourvu qu'elle ne détruise pas leurs droits acquis. En un mot, leurs prétentions se réduisent à soutenir que nul ne peut déchirer un acte authentique et se jouer de conventions légalement formées.»

Après s'être livré, avec une grande force de raison, à l'examen de tous les faits et de toutes les ordonnances qui ont régi le théâtre de l'Opéra-Comique depuis l'an IX, il arrive à la nouvelle ordonnance du 17 juillet 1827, source unique de tant de désordres, en discute toutes les dispositions article par article, en fait ressortir, avec une grande puissance de talent, tout ce qu'elle renferme de contraire à tous les droits acquis et jusqu'ici religieusement observés, des sociétaires de l'Opéra-Comique, et nous semble enfin prouver, d'une manière incontestable, que la nouvelle police qu'on veut leur imposer n'est qu'un plan complet de spoliation au profit de M. Pixérécourt.

Ce Mémoire, dont la rédaction fait le plus grand honneur à Me Dupin jeune, se termine ainsi :

« Il est évident, comme la lumière du jour, que l'ordonnance du 17 juillet blesse des droits sacrés, garantis par un contrat authentique, et consacrés par un acte de la puissance souveraine. C'est une surprise faite à l'autorité. Les sociétaires en appellent avec confiance à l'autorité mieux informée.

» Vainement on leur a répété sans cesse : L'autorité ne recule jamais; elle est perdue quand elle cède!... Vieux adages que l'injustice qui ne veut pas s'amender empr unte à une fausse politique, nous vous repoussons! Il n'y a que l'autorité des despotes qui ne cède jamais à la voix de la raison. Mais quand une autorité paternelle a été, contre ses désirs, jetée dans une fausse voie, elle s'honore d'en sortir pour rentrer dans une voie meilleure.

» Charlemagne, qui savait porter sa couronne, disait en se réformant, qu'il le faisait pour donner l'exemple à ses successeurs (1); Philippe-le-Bel proclamait qu'il ne voulait point, en persistant dans une erreur, que ce qu'il avait établi pour l'utilité de ses sujets tournât à leur préjudice (2); Charles V enfin, à qui l'on a donné le surnom de Sage, s'exprimait ainsi en réintégrant dans leurs offices des magistrats qu'il en avait injustement privés : « Nous, sans en avoir été requis, ains de notre » pur et noble office auquel appartient rappeler et corriger tout » notre fait comme l'autrui, toutes les fois que nous connaissons » qu'en icelui justice a été blessée ou pervertie, spécialement » en grevant et opprimant l'innocent par fausses et calomnieuses » suggestions, avons de notre propre bouche déclaré la priva- » tion par nous faite, avoir procédé de fait seulement et non de » raison ni de droit; ains avoir été obtenue par faveur, sug- » gestion et très-grande importunité, et comme par impression » et non pas de franche volonté. »

» De même ici l'ordonnance du 17 juillet 1827 a été surprise et à la religion de M. le premier premier gentilhomme de la chambre et à celle du roi. C'est à eux que nous en appelons;

---

(1) *Nosmetipsos corrigentes posterisque exemplum dantes.* Cap. t. 1.

(2) *Rex modo plenius et melius informatus, nolens quod illud quod credebat fuisse in eorum commodum, in eorum damnum redundet.* Ord. du Louvre, liv. I.

f. c'est en eux que nous mettons notre confiance. Justice nous sera faite.

« Que si pourtant notre attente était trompée ; si nous ne pouvions obtenir le maintien de nos droits sociaux et le redressement des griefs qui nous sont faits ; si l'on voulait maintenir l'arbitraire qui nous livre à la merci d'une domination dure et hautaine ; si nous étions impuissans à repousser l'humiliant servage auquel on veut nous plier de toutes parts, il ne nous restera que la ressource de celui qui a la conscience d'un droit injustement méconnu ; opposer la force d'inertie à la force qui opprime, attendre l'action du temps et de la réflexion, et se consoler du moins de son malheur par l'estime et l'approbation des gens de bien !

» HUET, PONCHARD, FÉRÉOL, LAFEUILLADE, VALÈRE, CHOLLET ; Mmes BOULANGER, RIGAUT, PONCHARD, PRÉVOT.

« DUPIN jeune, *avocat.* »

(Rognure du *Journal des Débats.*)

— Le journal, nommant les commissaires choisis par les auteurs dramatiques pour défendre leurs droits, n'a pu ajouter :

Le choix d'hommes aussi graves et aussi honorables n'indique que trop clairement combien les abus sont sérieux, combien les plaintes sont fondées.   (*Ibid.*)

— Dans le compte rendu de la conférence de ces commissaires avec M. de La Bouillerie, la censure s'est trouvée placée entre les actes de l'intendant de la couronne et ses excellentes intentions, entre M. de La Bouillerie et M. de Pixérécourt. Les mots que je souligne ont disparu :

Ils lui ont soumis leurs réclamations contre l'ordonnance du 17 juillet, *cause de tant de désordres funestes !* M. de La-bouillerie les a écoutés avec la plus grande bienveillance et avec l'attention la plus soutenue, *a paru frappé d'une foule d'observations basées sur des faits dont il ne soupçonnait pas même l'existence.* (*Ibid.*)

— Il est difficile de rien imaginer de plus misérable que l'exécution des ouvrages représentés journellement à ce théâtre... Avec l'aide des détestables acteurs qui forment aujourd'hui sa troupe, M. de Pixérécourt a remonté quelques pièces.... cette anarchie fera sentir toute l'absurdité du monopole exploité avec tant de succès par M. de Pixérécourt.... Désespérant des ressources de la banlieue, il... (*Ibid.*)

— L'indisposition de madame Casimir était facile à prévoir d'après l'état dans lequel elle s'est dernièrement montrée au public dans *la Dame Blanche :* mais telle est la déplorable situation de l'Opéra-Comique que, pour composer une représentation qui produise 200 fr. de recette, M. Pixérécourt est obligé de faire abnégation de tous sentimens humains, et d'exposer une ingénue à accoucher sur la scène. (*Ibid.*)

FAITS DIVERS.

— Mdéaille Canning. M. le comte de Ségur, pair de France, et MM. Alexandre, Charles et Théodore Lameth, ont souscrit au bureau du *Constitutionnel* pour la médaille de M. Canning.

(Rognure du *Constitutionnel.*)

— Gazette d'Augsbourg. La direction générale des postes nous a fait savoir aujourd'hui que la *Gazette d'Augsbourg* venait d'être prohibée. A plusieurs reprises, les différens ministères qui se sont succédé en France depuis 1814 s'étaient attribué le droit de défendre le *Morning-Chronicle*, le *Times*, le *Sun*, le *Necker Zeitung*, etc.; mais jusqu'à ce jour la *Gazette universelle d'Augsbourg* avait échappé à la proscription ministérielle. C'est, comme on le sait, le journal d'Allemagne qui est le mieux instruit des affaires d'Orient.

(Rognure du *Journal des Débats.*)

M. Benjamin-Constant. — On nous écrit de Bade, en date du du 15 août :

« M. Benjamin-Constant, à sa sortie de Strasbourg, s'est rendu dans un village voisin, chez un des riches propriétaires qui l'attendaient pour le fêter, et le long de la route il est impossible de décrire l'enthousiasme de tous ces bons Alsaciens qui sont ordinairement très-froids. Ils ont dételé les chevaux, ont réuni avec beaucoup de peine six beaux chevaux blancs, lui ont formé une garde d'honneur de soixante personnes portant des drapeaux avec des inscriptions; tous les maires de tous les villages voisins sont venus le complimenter à la tête des habitans; et de jeunes filles tout en blanc lui apportaient des couronnes de fleurs et de lauriers. Tous les protestans, dans leurs temples, ont prié publiquement pour lui, et des communes entières, toutes protestantes, sont également arrivées en chantant des cantiques. Tous ces villages, réunis sur des chars du pays, lui ont formé un cortège jusque sur les bords du Rhin, et là les acclamations et les bénédictions l'ont suivi jusqu'à l'autre rive. »   (Rognure du *Courrier Français.*)

Une visite a la Grange-Bléneau. — A treize lieues de Paris environ, dans un pays riche et fertile, près de la ville de Rosay, on remarque un château de construction ancienne et d'apparence toute féodale. Trois corps de bâtimens forment à l'intérieur une vaste cour, dont le quatrième côté laisse voir le parc avec ses belles pelouses de gazon, bordées irrégulièrement d'arbres de haute-futaie et entrecoupées çà et là de superbes massifs de sapins, de saules et de peupliers, qui rapprochent ou reculent l'horizon avec un air vraiment magique. Cinq tours énormes, bâties il y a près de six siècles, et dont on pourrait deviner l'âge à cette rouille noire que le temps laisse sur les vieux édifices, s'élèvent dans les airs avec toute la fierté et tout l'orgueil des castels souverains du moyen âge. De larges fossés, d'épaisses murailles, une entrée fortifiée, attestent les intentions belliqueuses du seigneur qui le fit construire. Il s'appelait Thibaut, et dut lever force dîmes pour se donner si beau manoir à cette époque.

Il y a peu de temps que j'amenai jusqu'au pied de ce castel un de ces hommes qui sont eux-mêmes parmi nous des monumens du temps passé. Puisque je suis en humeur de décrire de vieilles choses, je donnerai une idée de sa personne. C'était un homme de petite taille, poudré, portant culotte courte, jabot et manchettes. Je me tairai sur son intelligence ; on doit lui en supposer beaucoup, du savoir même, car il était chargé, avec quelques-uns de ses contemporains, d'une mission fort grave ; mais on peut présumer sans malveillance que le département d'où il était venu , et où il allait bientôt retourner, était un des plus éloignés de la capitale ; car aucune de nos idées , ni même de nos modes, n'était arrivée jusqu'à lui. De son caractère je dirai peu de choses , sinon qu'il paraissait humoriste. Quand sur la route il entendait le paysan dire *mon champ*, il fronçait le sourcil. La vue d'une usine l'agaçait ; il trouvait que les voitures d'à-présent allaient trop vite, que les chevaux avaient maintenant toute la peine, qu'il y avait beaucoup de maisons dans les villages... Que sais-je ? mille choses à confondre le bon sens d'un homme d'aujourd'hui.

Mais sa figure changea tout-à-coup d'expression, quand il aperçut devant lui les pesantes tourelles et la porte cintrée. Une joie chevaleresque brilla dans ses yeux. Tous les rois fainéans lui eussent apparu en personnes qu'il ne se fût pas senti plus rajeuni. Le premier, il découvrit sur la porte d'entrée d'une vieille chapelle paroissiale trois écussons, sur lesquels ils reconnut au premier coup-d'œil les armes de la noble famille de Courtenay. Il voulut entrer ; des épitaphes frappèrent tout d'abord ses regards ; là reposèrent plusieurs membres de la noble famille de d'Aubusson ! J'étais étonné de la science soudaine de mon compagnon, qui jusque-là m'avait paru ne rien savoir. Entre autres héros qu'il me rappela, se trouvait le fameux François d'Aubusson de la Feuillade. C'était un particulier fort riche, car il fit bâtir la place des Victoires à ses frais, et ce fut, en outre, le plus heureux peut-être, le plus envié sans doute de tous les hommes qui ont eu la passion de flatter, puisqu'il lui fut donné, à lui sujet, d'élever de ses humbles mains une statue à son gracieux maître, Louis-le-Grand.

« Entrons, dis-je à mon vieil ami, nous trouverons sans doute dans l'intérieur de ce château bien d'autres souvenirs. » Et après avoir traversé une cour fort pittoresque, nous pénétrâmes dans deux salons contigus. Là, je me fis à mon tour le *cicerone* de mon compagnon qui me semblait déjà tout déconcerté. « Ces six portraits que vous voyez ici, lui dis-je, sont ceux des six présidens des États-Unis d'Amérique; ils sont tous d'une grande ressemblance. Ce buste de bronze, qui est placé sur une table, est celui de Washington. Des deux côtés de la cheminée, vous voyez deux autres portraits; l'un est celui de ce Larochefoucault qui périt dans notre révolution à laquelle il prit part noblement, mais dont il fut malheureusement victime; l'autre est celui de Bailly, maire de Paris à la même époque. Le salon dans lequel nous sommes est l'intérieur d'une des tourelles, comme vous pouvez en juger par sa forme arrondie. Dans celui-ci qui est carré, remarquez de chaque côté de la porte deux tableaux à gauche, c'est la Bastille, pendant que le peuple de Paris s'empresse de la démolir; à droite, c'est la cérémonie de la fédération au Champ-de-Mars, journées mémorables et par les conséquences qu'elles eurent, et par l'enthousiasme qu'elles inspirèrent. Voici d'autres objets qui ne sont pas moins dignes de fixer votre attention. Vous avez raison de remarquer cette figure qui exprime à la fois tant de bonhomie et d'élévation ; la physionomie de Franklin n'avait peut-être jamais été rendue avec plus de vérité que par le pinceau plein de naturel et de hardiesse qui semble avoir laissé échapper ce tableau d'un seul jet. La page écrite qui se trouve renfermée dans cet autre cadre est la déclaration de l'indépendance américaine.

J'allais continuer, quand je fus interrompu tout-à-coup par mon compagnon : — « Où suis-je donc, s'écria-t-il enfin ? — Chez le général Lafayette, lui répondis-je ; et ce drapeau américain qui tapisse si élégamment ce pan de muraille, est le pavillon de la frégate *la Brandewyne*, vaisseau national sur lequel un peuple reconnaissant a fait ramener dans son pays natal le défenseur et l'hôte du nouveau monde. Vous ne trouverez ici que les titres où les emblêmes de la liberté. Les noms qu'on y prononce avec vénération ne sont pas ceux des hommes qui ont été ou voulu être les tyrans de leur pays. Aucun luxe, aucune vaine étiquette n'y apportent les coutumes de la cour; la simplicité, l'aisance, le naturel qui se font sentir partout y annoncent des mœurs toutes différentes. Une hospitalité bienveillante et sincère vous y attend ; de sots préjugés, de ridicules prétentions ne vous y poursuivront pas ; l'amour de l'égalité est ici dans les cœurs. Ce château n'a de féodal que ses murs, que ses tourelles et ses ogives; et vous le voyez, il cache des hommes nouveaux. Telle est la France tout entière! Quelques formes lui restent qui peuvent tromper l'observateur; notre édifice social porte çà et là les empreintes d'un temps qui n'est plus et des mœurs effacées, mais au fond vivent des mœurs nouvelles, et de nouvelles croyances. »

(Rognure du *Précurseur de Lyon.*)

VOYAGE DU ROI A SAINT-OMER.

Le roi devait être accompagné de M. le comte de Corbière, pour l'expédition des affaires courantes. Le ministère comptait sans doute sur la jeune et robuste activité du monarque pour suppléer aux avantages dont manque, sous ce rapport, l'honorable secrétaire d'État.

S. Exc., retenue par des soins pénibles, ne pourra point avoir l'honneur de suivre S. M. M. le comte de Villèle ne croit point devoir s'éloigner de la capitale. Il se fera remplacer au camp par M. le comte de Peyronnel, qui sera son prévôt.

On se demande pourquoi la censure, acharnée après ce voyage, ravit au public le plaisir de connaître tout ce qui s'y rattache.

Je vous invite, Monsieur, à méditer sur les faits suivans : pour avoir excité les appréhensions de la censure, ils doivent présenter un caractère particulier de gravité.

— On écrit de Lille que toutes les sociétés de musique, d'archers et d'arbalétriers du département du Nord et des départemens circonvoisins ont été invitées à plusieurs reprises à assister à la réception de Charles X dans cette ville. Des médailles sont promises à toutes les compagnies qui auront été présentes à cette réception. Il sera en outre décerné des médailles pour la belle tenue et l'éloignement. Une distribution de comestibles et de liquides doit être préparée pour 20,000 personnes.

(Rognure du Courrier français.)

— Les enfans, dont l'âge heureux est si propre à conserver avec vivacité les souvenirs, auront part aux plaisirs du 3 septembre : plusieurs corbeilles de gâteaux leur sont préparées.»

(Ibid.)

FUNÉRAILLES DE M. MANUEL.

Je ne vous adresse point, Monsieur, les volumineux passages que la censure a supprimés dans toutes les relations de ces obsèques. Un récit détaillé a dû être mis au jour ce matin.

Mais il est impossible de ne pas faire entendre des accens sévères sur le scandale qui vient d'attrister Paris. Le plus grand, le plus irréligieux des crimes est la profanation des tombeaux.

Un cimetière occupé comme une place prise d'assaut, les pierres sépulcrales ébranlées, la paix des mânes troublée par les passions des vivans, c'est un spectacle que nul pays au monde n'offre aujourd'hui, si ce n'est la France. Le cimetière n'est-il plus le champ du repos? Ne peut-on pas faire, sur le seuil de la dernière demeure, trève aux inimitiés de cette vie? ne peut-on pas se croire en pays neutre, dans les domaines de la mort?

La Quotidienne contenait hier des plaintes élo-

quentes sur ces désordres ; mais elle omettait de dire
à qui la faute.

La police semble avoir entrepris de changer en
combats toutes les funérailles, et de poursuivre ses
vengeances jusque sur les cercueils. Pourquoi cet ap-
pareil militaire, pourquoi cette armée sur le chemin
d'un convoi ? N'y a-t-il point une provocation coupable
dans cette ostentation de la force publique ? ne sait-
on pas que le Français, quand il voit briller des armes,
veut et croit en tenir ?

A quoi bon ne pas laisser la dépouille du duc de
Liancourt s'acheminer en paix, sur les bras de disciples
reconnaissans, vers les tombeaux de ses pères ? De quel
droit interdire à des parens, à des amis, à des admi-
rateurs passionnés, la satisfaction de s'atteler à un char
funèbre ? Etait-il pieux d'arrêter un lugubre convoi,
de le cerner comme une troupe ennemie, de parle-
menter sous les armes avec un frère en deuil, d'en-
lever un cercueil sur des amis désarmés, de suspendre
ce dernier voyage, de l'éterniser, de l'ensanglanter
peut-être ! Tout Paris rend hommage à la présence
d'esprit et à la sagesse de M. Laffitte, qui, par l'autorité de sa parole, aussi ferme que persuasive, a déterminé à la soumission une jeunesse exaspérée. Il a
rendu à l'ordre public un grave service : sans lui, Paris aurait eu à gémir d'autre chose que d'un scandale.

Maintenant que cet ébranlement est donné, où
s'arrêtera-t-il ? Chacun doit-il craindre que des combats de gladiateurs viennent décorer sa sépulture, et
la police ne consentira-t-elle pas à laisser intacte la
liberté des funérailles ?

LITTÉRATURE.

La censure n'a pas permis au Constitutionnel de dire que M. Auger, dans un rapport écrit avec autant de convenance que de talent sur l'éloge de Bossuet, n'avait pas été libre de traiter toutes les questions religieuses que ce grand nom soulève. Mais voici qui est plus étrange.

Cette censure fantasque a des amitiés, et ces amitiés sont apparemment expansives; car M. de Jouy ayant lancé dans *le Courrier Français* un article acerbe pour défendre Voltaire contre son honorable collègue M. Auger, cet article est tombé mort sous les coups de la censure, et M. Auger a été instruit que cet article avait vécu. Il a pu en porter ses plaintes à l'auteur, et les deux académiciens se trouvant également sincères et généreux, l'un fit voir volontiers l'épreuve, et volontiers aussi supprima des passages trop amers; l'autre écrivit à la censure pour solliciter ses miséricordes en faveur d'un ennemi ressuscité. Toutefois, l'amitié de la censure pour M. Auger ne donnait pas du crédit à M. Auger sur la censure, et le spirituel académicien a été privé du double plaisir de faire un acte généreux et de celui de voir ses opinions combattues par une plume éloquente. Maintenant, voici la victime immolée à deux reprises par les censeurs du royaume de France : . . . .

VOLTAIRE ET M. AUGER.

Je sens que le titre de cet article manque de justesse, et que je devrais en renverser l'ordre, et l'intituler : *M. Auger et Voltaire,* d'abord parce que Voltaire n'était qu'un simple

membre de l'Académie dont M. Auger est secrétaire-perpétuel,
et qu'il n'est plus permis de douter de la préséance que l'un de
ces deux académiciens vient d'acquérir sur l'autre, après avoir
lu dans la *Biographie universelle* de MM. Michaud, la notice
consacrée par le secrétaire-perpétuel de notre académie française, à l'ancien membre de cette même académie, auteur de
Mahomet, de *Mérope*, de la *Henriade*, du *Siècle de Louis XIV*,
de l'*Essai sur les mœurs*, et de soixante autres volumes de
drôleries semblables ; notice lue, le mois dernier, en pleine académie, à la grande satisfaction des Nonotte et des Patouillet de
notre époque. Toute la supériorité d'un maître sur son élève,
d'un censeur romain sur le plus simple citoyen traduit par lui-
même à son tribunal, d'un lieutenant baillival sur le paysan
taillable à merci, se montre à découvert dans le morceau de
littérature que je signale à la reconnaissance des amis de notre
gloire littéraire. M. Auger s'assied *in cathedra*, et de là, ré-
pétant de ce ton magistral qu'on lui connaît, les gentillesses
que l'abbé Geoffroy semait dans ses feuilletons, il prouve admirablement que le sauveur des Calas, le défenseur des La-
barre, le vengeur des Lally, le fondateur de Ferney, fut un
mauvais homme, que l'auteur de la *Henriade* fut un mauvais
poète, et que l'auteur du poème de Fontenoy fut un mauvais
citoyen. Après avoir entendu respectueusement prononcer cet
arrêt irrévocable, ne nous avisons pas de demander à M. Auger de quel droit il juge Voltaire ; sa réponse serait trop facile
et trop péremptoire.

Mais quittons l'ironie : il s'élève dans l'ame un sentiment
tout à la fois de peine et de courroux, quand on voit à quelles
inconcevables démarches le besoin de plaire à un parti peut
conduire un écrivain d'ailleurs estimable. Jamais secrétaire-
perpétuel de l'académie française méconnut-il, je ne dirai pas
seulement les convenances, mais les devoirs de sa place, au
point de ravaler, au sein de l'académie dont il est membre, le
plus beau des génies qui l'ont honorée, puisque Molière n'en a
point fait partie. Jusqu'ici, l'éloge obligé avait été pour ainsi
dire une des attributions du secrétaire-perpétuel de l'Académie
française, et ce haut dignitaire de la prétendue république des

lettres ne se présentait guére à l'imagination que l'encensoir à la main et le panégyrique sur les lèvres. Plusieurs fois même, la malice du public a pris la liberté de tourner en ridicule cette fonction de thuriféraire. M. Auger a du moins la gloire d'avoir changé tout cela; et, pour la première fois depuis l'institution de l'Académie, on a vu le mandataire perpétuel de cette illustre compagnie saisir la férule du collège, et gourmander jusqu'à l'insulte celui de ses prédécesseurs que l'opinion générale a proclamé le génie le plus complet et le plus universel dont s'honore l'humanité.

Déjà deux hommes de lettres (je les qualifie du titre qu'ils se sont donné) avaient essayé de noircir, ne pouvant la mutiler, cette immortelle statue de Voltaire qui rayonne de vérité et de gloire, à mesure qu'elle est de leur part l'objet de plus d'outrages; mais du moins ces deux ennemis de Voltaire pouvaient alléguer une excuse, ils avaient faim. M. Auger n'est point dans ce cas, et l'on ne peut attribuer, comme je l'ai déjà dit, qu'au désir de plaire à des esprits étroits, dont la faiblesse nourrit la fureur, cet acte d'humilité profonde qui l'a conduit à descendre dans cette arène et à s'y placer auprès de M. Geoffroy. Pourquoi suis-je obligé d'ajouter que dans le parallèle qui s'établit naturellement à ce sujet, entre ces deux écrivains, l'avantage ne reste pas au secrétaire-perpétuel de l'Académie française? L'abbé Geoffroy, qui exploitait la gloire de Voltaire, se faisait, comme il l'avouait lui-même, un jeu et un gagne-pain de cette longue espiéglerie, « dont il demandait pardon au dieu du goût, en relisant chaque jour quelques pages de ce Voltaire, objet de son admiration réelle et secrète (1). »

Est-ce un éloge ou une critique amère de notre nation que je prétends faire en affirmant que la France est le seul pays où un représentant du premier corps littéraire peut se permettre impunément de vilipender l'homme de génie qui fait sa gloire? Je ne réponds point à cette question; quelque adorateur que je sois de la mémoire de Voltaire, je suis trop bon confrère pour désirer que M. Auger éprouve en France un sort semblable à

____

(1) Je répéte ici ses propres paroles.

celui qu'attendrait en Allemagne ou en Angleterre un littéra-
teur, compatriote de Goëthe ou de Shakespeare, assez malavisé
pour traiter un de ces deux hommes de génie aussi indécem-
ment que M. Auger a traité le chef de notre littérature.

Quel singulier plaisir (je ne me sers pas ici de l'épithète qui
se présente la première à mon esprit) peut-on trouver à em-
ployer le peu de talent qu'on a reçu du ciel à flétrir autant qu'il
est en soi les plus hautes renommées? Quel surcroît de gloire
en reviendra-t-il à sir Walter Scott et à M. Auger pour avoir
insulté publiquement à la mémoire de Napoléon et à celle de
Voltaire? Du moins le libelle de l'Écossais a un but, et j'ai
presque dit une excuse : c'est au profit de sa nation et du vainqueur de Waterloo qu'il cherche à rabaisser le vainqueur d'Austerlitz. Mais encore une fois, à quelle fin et dans quel intérêt
M. le secrétaire-perpétuel de l'Académie française veut-il arra-
cher à notre couronne littéraire son fleuron le plus précieux?

Il est fâcheux que l'ouvrage, si utile et si remarquable à tant
d'égards, qu'ont publié MM. Michaud sous le titre de *Biographie universelle*, se trouve aussi malheureusement déparé par
la notice de M. Auger sur Voltaire. Déterminé à ne donner place
dans ma bibliothèque au volume où se trouve cette diatribe
qu'après l'en avoir fait disparaître, j'ai déchiré aussi propre-
ment qu'il m'a été possible les pages injurieuses de M. le secrétaire-perpétuel, et je les ai remplacées par l'admirable por-
trait du grand homme tracé de la main du célèbre Goëthe, du pa-
triarche de Weymar, qui tient aujourd'hui en Europe le sceptre
de la littérature. Je le transcris ici pour la commodité des sou-
scripteurs de la *Biographie universelle* qui pourraient être tentés
de suivre mon exemple.

(1) «...... À moins de merveilles le Français n'admire point;
» mais la nature lui créa des merveilles pour le condamner à
» l'admiration. Je ne sais si nous sommes plus sensibles aux
» beautés littéraires que les Français, mais nous sommes cer-
» tainement moins avares de louanges. Il suffit que le talent nous
» donne quelque plaisir pour être l'objet de nos hommages :

____

(1) Je me sers de l'excellente traduction de M. Saur.

» même ce qu'il admire, le Français ne l'aime point, tandis que
» parmi nous on admire tout ce qu'on aime.

» Profondeur, génie, imagination, goût, raison, sensibilité,
» philosophie, élévation, originalité, naturel, esprit, bel-esprit,
» bon esprit, facilité, flexibilité, justesse, finesse, abondance,
» variété, fécondité, chaleur, magie, charme, grace, force,
» coup-d'œil d'aigle, vaste entendement, riche instruction,
» excellent ton, urbanité, vivacité, délicatesse, correction,
» pureté, clarté, élégance, harmonie, éclat, rapidité, gaieté,
» pathétique, sublimité, universalité, PERFECTION enfin, voilà
» VOLTAIRE.

» Voltaire sera toujours regardé comme le plus grand homme
» en littérature des temps modernes, et peut-être même de tous
» les temps, comme la création la plus étonnante de l'auteu
» de la nature, création où il s'est plu à rassembler une seule
» fois, dans la frêle et périlleuse organisation humaine, toutes
» les variétés du talent, toutes les gloires du génies, toutes les
» puissances de la pensée. »

Ce jugement du plus beau génie de l'Allemagne sur notre
Voltaire ne balance-t-il pas avec quelque avantage celui de
MM. Geoffroy et Auger?   JOUY.

(Rognure du Courrier Français.)

MAXIME D'ÉTAT DU MINISTÈRE.

La censure a effacé religieusement dans une feuille
publique, au bout d'un article sur un honorable général, l'alinéa solitaire que voici :

Il vaut beaucoup mieux vendre son blé ou son trèfle que de
vendre sa conscience.   (Rognure du Constitutionnel.)

Puisque cette proposition est assez erronée pour
n'avoir pu voir le jour sans péril, il faut croire que
c'est l'inverse qui est la vérité. Tous les journaux du
ministère feront bien d'inscrire en tête de leurs co-
lonnes, tous les ministres sur le frontispice de leurs

hôtels, cette sentence, qui sera pour leur politique un résumé admirable, une admirable devise :

Il vaut mieux vendre sa conscience, que de vendre son trèfle ou son blé.

POLÉMIQUE DU MINISTÈRE.

Le Moniteur s'est avisé, ces derniers jours, de démentir une assertion d'une brochure qui a paru il y a six semaines. Ceci prouve que le ministère répond, et que tout ce qu'il laisse sans réfutation 'est et demeure avéré. J'en prends acte.

Cette assertion, qui reçoit un démenti tardif, était simplement que le bruit courait qu'il y avait des émolumens attachés aux nouvelles fonctions de M. le vicomte de Bonald. On pouvait réfuter le bruit, s'il était inexact, sans prendre d'humeur, et surtout sans le taxer d'*impos'uré*. Le noble pair, qui a plusieurs traitemens sans fonctions, sera grandement formalisé qu'on le croie diffamé par la supposition que des fonctions actives, comme celles de la censure, seraient accompagnées d'un traitement.

Ce qui est étrange, c'est que le jour même où le Moniteur affiche son courroux, M. Sarran, l'un des rédacteurs de *l'Aristarque*, insiste et donne comme vrai ce qu'après six semaines de méditations le journal officiel déclare faux et calomnieux.

Quoi qu'il en soit, une observation doit être faite sur cette polémique. Les comtes Villèle, Corbière et Peyronnet, ont déclaré, dans ce même *Moniteur*, qu'ils avaient imposé la censure à la France pour nous élever, nous autres gens de l'opposition, qui n'avons pas de monde, pas de savoir-vivre ; ils proclamaient que tout ce qu'ils voulaient à l'avenir c'était une discussion polie.

Et la première inexactitude qui leur déplaît, ils la qualifient brutalement d'imposture.

Mais avons-nous employé ce nom les deux ou trois cents fois que M. le comte de Villèle, dans ses improvisations de tribune, a rencontré précisément le contraire de la chose qui était ? M. le baron de Damas est plus civil que ses collègues : quand il s'est vu obligé de donner un démenti au chef du ministère, il ne l'a point appelé un imposteur.

Une réflexion doit être soumise ici au chef de la police de Paris ; il fera bien de lire dorénavant les articles du *Moniteur*, qu'il enjoindra aux divers journaux de transcrire ; car les propager ainsi officiellement, c'est les signer, et je ne pense pas qu'il fallût indispensablement recourir au conseil d'Etat pour obtenir de légitimes réparations. On pourrait, une autre fois, lui rappeler qu'en français un démenti se donne d'une façon polie, ou se rétorque d'une façon mémorable.

POLÉMIQUE DE L'OPPOSITION.

—M. LE MARQUIS DE LA GERVAISAIS. L'honorable marquis est déjà fatigué de repos ; il reprend ses armes pour la cause des libertés publiques, et c'est précisément contre le conseil de surveillance de la censure qu'il dirige ses coups. Je conseille au *Moniteur* de voir comment un chaud royaliste, un homme d'honneur et de probité, juge le dévouement dont de nobles personnages ont dû avoir besoin pour accepter les

attributions honorifiques qu'ils viennent d'ajouter à
de nombreux honoraires.

. — *Lettres à M. le comte de****, pair de France,
pendant la censure de 1827 à 1828, par l'auteur de
la Politique de M. de Villèle, etc. (PREMIÈRE LETTRE.)

Ceci, monsieur, est un écrit excellent que je ne
puis recommander assez à votre examen. Je ne sais
si rien de plus utile, de plus incisif, de plus accablant
pour le ministère, pouvait être publié. On attribue cet
ouvrage à M. le baron de Brian. J'ai hâte de vous en
présenter l'analyse.

L'auteur établit très-bien que l'établissement de la
censure ne se lie point au retrait de la loi sur la presse,
mais bien au licenciement de la garde nationale. Là
le ministère se sentit perdu. Tous les hommes politiques en jugeaient ainsi : M. de Villèle voulut se
sauver, aux risques et périls de la monarchie. Un système nouveau fut embrassé; c'est sur le mot *force* que
ce système tout entier repose.

« M. de Villèle a songé sérieusement à la dissolution de la
» Chambre. La question a été discutée, et la solution différée
» jusqu'à ce qu'on ait reçu l'avis des préfets, qui avaient été
» consultés confidentiellement sur cet objet. Voici le résultat de
» cette espèce d'enquête électorale : Sur quatre-vingt-six préfets,
» *cinq* ont pris sur eux de promettre des élections ministérielles;
» tous les autres, c'est-à-dire quatre-vingt-un préfets, ont dé-
» claré qu'il fallait s'attendre à des nominations uniquement fa-
» vorables aux deux oppositions, et que les collèges n'enver-
» raient à la chambre que des royalistes ou des libéraux.

» Avec la perspective à peu près certaine d'un tel résultat,
» que pensez-vous que doive faire un ministre *qui ne veut pas*
» *se retirer?*.....

» Ces malheureux ministres, poursuit l'auteur, arrivés au

»dernier terme de la décrépitude, disent : C'est un dernier
» trait qui manquait à cette débile administration ; c'est une der-
» nière épreuve que la monarchie est appelée à subir. Mon opi-
» nion personnelle est que la monarchie subira cette dernière
» épreuve avec tous les périls qui y sont attachés. Elle n'en sor-
» tira pas triomphante, cela ne se peut; ses amis doivent se
» borner à désirer qu'elle en sorte conservant encore assez de
» vie pour pouvoir COMMENCER UNE TROISIÈME RESTAURATION; car
» elle en est là, et il faut le lui dire : c'est le seul service que
» nous puissions lui rendre en ce moment. »

Qu'on veuille bien songer que c'est un royaliste qui
a écrit ceci !

Ce royaliste fidèle entre dans le détail de ce qui se
passa lors de la revue ; il démontre qu'alors le ministère immola à ses bienséances toutes les bienséances
royales, à ses intérêts tous les intérêts du trône, que
tout fut prévu, tout prémédité pour assurer le salut
d'un homme. Je laisse parler l'honorable écrivain, en
abrégeant à regret :

« *Je suis venu ici pour recevoir des hommages, et non pour
» entendre des leçons*, dit le roi. Paroles admirables ! langage
» vraiment royal ! éclatante réparation que le roi se faisait à soi-
» même et sur-le-champ, avec le sentiment le plus noble et le
» plus vrai de sa dignité !

» Aussi le roi, toujours livré à ses propres sentimens, n'é-
prouvait-il ni le besoin ni le désir d'aller plus avant. Et si j'osais
pénétrer dans la pensée secrète de Sa Majesté, je dirais que
personnellement elle se trouvait satisfaite. Vous n'ignorez pas
d'ailleurs que le roi avait autorisé un illustre maréchal à préparer un *ordre du jour* dans lequel on aurait retrouvé, j'en suis
certain, la pensée première du roi.

» Mais M. le président du conseil est préoccupé, saisi d'une
seule pensée : c'est que, s'il n'obtient pas le licenciement, un
mois après la session il n'est plus ministre ; à l'issue d'un con-
ciliabule auquel, assure-t-on, présidèrent l'emportement, et

surtout la peur d'être précipité du pouvoir, le chef du ministère se rend au palais, et pénètre dans l'appartement du roi. Le
repos de Sa Majesté est troublé: aux sentimens que le prince
n'avait pas cessé d'éprouver, on oppose cette fatale raison
d'État, qui ne manque jamais à rien lorsque l'on a pris la réso-
lution de l'appliquer à tout. Le ministre l'emporte : il n'y aura
pas d'*ordre du jour ;* il y aura une ordonnance de licenciement.
M. de Villèle triomphe donc, et ses amis le félicitent à cette
occasion (1). Il est enfin parvenu à commettre le pouvoir royal:
il sait qu'avec cela il a de quoi vivre encore pendant quelques
mois; plus tard il s'avisera : la royauté n'est-elle pas toujours là
pour subvenir à ses besoins....»

» Dans le nombre des personnes qui poussaient de folles cla-
meurs, il n'y en avait peut-être pas une seule qui eût, je ne
dirai pas la pensée d'insulter le pouvoir royal, mais seulement
celle de causer du déplaisir au roi personnellement. A la vérité,
il n'y avait là que le roi ; mais, par une étrange préoccupation
des passions, on n'y vit que les ministres ! Eh bien, il y aurait
eu beaucoup de sagesse et d'habileté à entrer dans cette disposition des esprits, et à se refuser à voir, dans ces bruyantes
manifestations, autre chose que ce que le public avait eu l'in-
tention d'y mettre. Un ministre loyal n'eût pas donné un conseil différent : mais je conviens que ce conseil, si favorable aux
intérêts de la royauté, était tout-à-fait opposé aux intérêts du
ministère, qui restait ainsi seul sur la brèche.

» Par le licenciement, au contraire, le ministre associait la
fortune de la monarchie à sa triste fortune; il faisait de sa
propre cause celle de la royauté. Le pouvoir royal intervenait
directement dans la lutte, *chose grave qu'il n'avait pas faite
jusqu'alors.* Il prenait parti, prononçait entre le ministère et
l'opinion publique, et, paraissant justifier le premier, il con-
damnait l'autre.

» Ce premier pas fait, il était facile à M. de Villèle d'obtenir
que l'on en fît un second, et la censure a été rétablie...

(1) Je suis personnellement sûr de ce fait. Le licenciement a été regardé par les amis de M de Villèle comme une victoire qu'il remportait,
et qui devait lui servir ultérieurement.

» Je le résume en ce peu de mots : M. de Villèle est parti du licenciement pour arriver à la censure, et de là il ira ou essaiera d'aller à d'autres actes. »

Ici, M. de Brian examine quel est cet homme d'état auquel la monarchie se substitua pour prendre une responsabilité funeste, en essayant d'étendre sur lui sa royale inviolabilité.

« M. de Villèle, continue-t-il, M. de Villèle doit s'apercevoir qu'après avoir été d'abord un embarras pour la monarchie, il est devenu un danger. Il est obligé de s'avouer qu'il nuit à la maison de Bourbon ; il lui nuit, dis-je, par son impuissance à la servir ; il lui nuit à cause des sentimens qu'il inspire à l'immense majorité des sujets du roi ; il lui nuit parce qu'après avoir sensiblement affaibli la popularité dont elle jouissait, il peut finir par compromettre sa sécurité. »

L'auteur raconte une conversation curieuse du chef du ministère avec un ami.

« Les objections étaient pressantes, elles allaient au fond des choses. M. de Villèle écoute d'abord assez tranquillement un langage qu'il savait être celui d'un ami. Mais l'idée des obstacles qu'il pourrait rencontrer faisant bientôt naître en lui une sensation violente, et n'ayant d'ailleurs rien de solide à répondre, il saisit les deux devans de son habit , et, fixant son ami avec une émotion bien prononcée : « Vous voyez, lui dit-il, cet habit (c'était celui de ministre); eh bien ! on ne me l'arrachera qu'en lambeaux ! » M. de Villèle tient parole. »

M. de Brian examine, avec cette hardiesse que donne la loyauté, les périls du système dans lequel le ministère entraîne la monarchie, et les considérations les plus hautes se pressent sous sa plume:

« Si l'esprit public venait à se pénétrer de cette idée, que l'on ne *sait* pas gouverner avec les institutions octroyées et reçues, cela serait fâcheux, très-fâcheux.

» Mais si cette première idée était remplacée par cette autre, que l'on ne *veut* pas gouverner avec les institutions, cela serait déplorable....

» 'a monarchie servie par M. de Villèle n'en était encore qu'à la première moitié du chemin : ce ministre a-t-il le dessein de lui faire faire la seconde? La censure donne lieu de le soupçonner, et je signale ce soupçon comme étant à lui seul une circonstance infiniment plus grave que toutes celles que l'on a pu présenter à Sa Majesté, afin d'obtenir son assentiment au rétablissement de la censure..... »

Un cercle de discussion tout-à-fait nouveau s'ouvre bientôt devant le sage publiciste ; il fait voir que cette prétention de dignité au nom de laquelle on oppose des coups de force à tous les vœux de la France, est une politique qui ne vivra que de concessions forcées, de concessions dès lors déplorables. On sera obligé d'abandonner en un jour les tristes conquêtes qu'on aura faites en quelques années, à force de sueurs. *La véritable clef du gouvernement représentatif est celle du trésor, et c'est le public qui la tient.* Le public cesserait de payer l'impôt.

«Alors, il faut bien le dire, le pouvoir royal recevrait un notable échec. Il donnerait une seconde fois à la France le spectacle qui lui fut donné, il y a déjà treize ans, lorsque la maison de Bourbon, menacée par le débarquement de Bonaparte, se crut obligée de consacrer par de nouveaux sermens la loi fondamentale dont son auguste chef avait doté la France. Alors encore il faudrait exhumer la Charte, proclamer sa vertu, invoquer son autorité tutélaire Signe de paix, il faudrait l'offrir aux regards des hommes : comme chez certains peuples de l'antiquité, aux jours des grandes calamités, l'on faisait sortir des temples et promener sur la place publique les images des dieux protecteurs du pays. »

Voilà de grandes et généreuses vérités, que des

royalistes seuls peuvent dire. Je bornerais ici mon examen, où le plagiat finit par prendre la place de l'analyse, si ce dernier extrait ne devait vous prouver, Monsieur, combien l'auteur sait réunir l'esprit a la raison, et le sarcasme à la sagesse.

« On fait observer que la censure actuelle est infiniment plus acerbe; qu'elle a, sous d'autres formes, plus de brutalité, un caractère plus odieux qu'aucune des censures qui ont été données et mises à exécution par les administrations précédentes. La comparaison manque de justesse : aucune des administrations précédentes, quelque opinion qu'on en ait d'ailleurs, ne s'est vue dans une situation semblable à celle du ministère actuel. Ces administrations n'avaient en présence que des partis politiques ; le ministère actuel a devant soi la raison et la conscience de la France. Il est aux prises avec le caractère national, auquel il n'a jamais rien compris, qu'il a blessé dans les endroits les plus sensibles, dont il a irrité toutes les susceptibilités....

« Les personnes qui sentent bien que le ministère actuel est hors de ligne, essaient au moins de le comparer à lui-même. Sa censure, disent-elles, diff re prodigieusement cette année de celle qu'il s'est donnée le 15 août 1824. On y remarque un fond de fausseté, un caractère d'hypocrisie dont les mêmes hommes nous avaient fait grace jusqu'à présent. Elle a cette fois un luxe d'iniquité, elle se porte à des excès dont on ne soupçonnait pas même la possibilité. Non-seulement on censure arb trairement, comme il est d ns la nature d'une pareille loi, mais on refuse la censure, on dénie l'espèce de justice que le législateur avait au moins voulu garantir. On viole ainsi le droit de propriété; on fait dans l'ombre, au mépris de toute forme légale, sans pouvoir même alléguer d'autre raison que celle d'un despotisme éhonté, ce qu'un tribunal ne pourrait faire que par un jugement public, et dans les cas prévus par la loi.

» Cette différence dans l'exécution de la même mesure, deux fois provoquée par les mêmes ministres, est très-sérieuse. Toutefois il est encore facile de s'en rendre compte. Depuis 1824, le ministère a fait des progrès toujours croissant vers sa décadence ; il a atteint le dernier période ; et n'ayant plus rien à perdre, il ne ménage plus rien. Il est aujourd'hui beaucoup plus bas qu'il n'était il y a trois ans. A cette époque, il se tenait encore presque au niveau du sol : il s'est enfoncé depuis ; et, pour moi, je déclare qu'à la fin de la session je ne lui voyais plus la tête. »

» Mais voici bien un autre grief ! Toutes les personnes qui ont le bonheur de voir de près cette dernière censure, disent qu'elle est sotte, qu'elle l'est même prodigieusement. Remarque naïve ! Eh ! cher comte, en l'an de grace 1827, est-ce que des gens d'esprit auraient voulu se charger de la censure ? Pour trouver actuellement des hommes disposés à remplir une telle mission, il faut chercher parmi des malheureux pour qui le besoin de vivre est une sorte d'excuse que l'humanité doit faire accueillir ; parmi des imbécilles qui s'imaginent servir un roi de France en faisant de la censure, ou bien encore parmi ces hommes, heureusement rares, qui nous offrent le spectacle attristant d'une notabilité tombée en enfance..... »

« La censure est ce qu'il faut qu'elle soit pour qu'un honnête homme ne puisse plus songer à la défendre. Peut-être cette dernière épreuve était-elle nécessaire. Comme moyen de gouvernement, la censure était jugée : il lui restait à se perdre par son éclatante improbité : elle aura désormais contre elle la raison politique, et l'imposante réprobation de la morale publique. Tout le monde restera convaincu que la censure étant en elle-même une mesure violente, elle ne peut être exercée que violemment, en dehors de toute justice, par des ministres qui toujours pensent à elle en désespoir de cause, la montrent en signe de détresse, et comme pour donner aux moins clairvoyans le pressentiment de leur fin prochaine. »

Cette fois, je m'arrête. L'auteur me pardonnera d'avoir voulu que mes lecteurs profitent aussi de quelques-unes de ses judicieuses et solides considérations. Il faut en chercher la suite et l'enchaînement dans l'ouvrage même. Espérons que la seconde lettre ne se fera pas long-temps attendre.

Je ne pouvais mieux prouver et mieux conclure ce que j'ai dit des périls de cette longévité ministérielle, qui dévore, à chacun de ses jours, des années, des siècles de l'existence de la monarchie. L'accord de tous les partis, de tous les talens honorables, de toutes les voix fidèles, ne saurait être trompeur. Aussi croit-on généralement que l'arrêt est prononcé dans les décrets de la sagesse royale ; que la dernière heure de ce pouvoir malfaisant est venue ; que la grande famille et son chef, exilés l'un de l'autre, vont se retrouver enfin.... Dieu le veuille ! La royauté doit être éternelle, comme ce vaisseau de Thésée, qui ne restait neuf qu'en renouvelant sans cesse les planches corrompues, les câbles usés.

N. A. DE SALVANDY.

Mercredi, 29 *Août* 1827.

P. S. Hier soir, la brochure qui rendait compte des obsèques de M. Manuel a été saisie.

— Il paraît que l'affaire de l'Opéra-Comique est arrangée enfin, que les sociétaires reparaissent demain jeudi dans *la Dame Blanche,* et que M. de Pixérécourt se retire. Cette retraite serait d'heureux présage.

IMPRIMERIE DE H. FOURNIER,
RUE DE SEINE, N. 14.